Quiche & Co.
in allen Variationen

D1849384

MOEWIG

Inhaltsübersicht

Die Rezepte in diesem Buch sind mit aller Sorgfalt zusammengestellt und überprüft worden; dennoch kann eine Garantie nicht übernommen werden. Eine Haftung der Autoren bzw. des Verlags für Personen-, Sach- oder Vermögensschäden ist ausgeschlossen. Die Rezepte sind – wenn nicht anders angegeben – für vier Personen berechnet.

VPM Verlagsunion Pabel Moewig KG, Rastatt

Fotos: Ceres Verlag
Printed in Germany 1999
ISBN 3-8118-1536-9

Kleingebäck

Appenzeller Käsestangen

1 Pck. (300 g) TK-Blätterteig	nach Packungsanleitung auftauen lassen, zu einem Rechteck (20 x 40 cm) ausrollen
1 Eigelb	mit
1 EL kalter Milch	verschlagen, etwas davon auf die Arbeitsfläche streichen, auf eine Teighälfte
75 g geriebenen Appenzeller Käse	
Paprika edelsüß	
Pfeffer (aus der Mühle)	streuen, die andere Teighälfte darüberklappen, mit der Teigrolle mehrmals darüber rollen, in 1 cm lange Streifen schneiden, spiralförmig drehen, auf ein mit kaltem Wasser abgespültes Backblech legen, die Enden der Käsestangen etwas festdrücken, mit dem restlichen Eigelb bestreichen, mit
grobem Salz	
Kümmelsamen	bestreuen, das Backblech in den Backofen schieben
Ober-/Unterhitze	180–200 °C (vorgeheizt)
Heißluft	160–180 °C (nicht vorgeheizt)
Gas	Stufe 3–4 (vorgeheizt)
Backzeit	10–15 Minuten.
Tip	Die Appenzeller Käsestangen möglichst frisch verzehren.

Buntes Käsegebäck

200 g alten Holland-Gouda	fein reiben, mit
200 g Weizenmehl	
200 g Butter	
2 Eigelb	in eine Schüssel geben, mit Handrührgerät mit Knethaken zu einem festen Knetteig verkneten, in Folie eingewickelt 1 Stunde im Kühlschrank ruhen lassen den Teig auf einer bemehlten Arbeitsfläche ½ cm dick ausrollen, beliebige Formen ausstechen, das Gebäck auf ein gefettetes Backblech legen
1 Ei	mit
1 EL Wasser	verquirlen, das Gebäck damit bestreichen, nach Belieben mit

Kümmel	
Mohn	
Sesam	
gehackten Pistazien	
geschälten Mandeln	bestreuen und belegen, das Backblech in den Backofen schieben
Ober-/Unterhitze	etwa 200 °C (vorgeheizt)
Heißluft	etwa 180 °C (nicht vorgeheizt)
Gas	Stufe 3–4 (vorgeheizt)
Backzeit	etwa 10 Minuten.

Champignonbrötchen

(Foto Seite 17)

	Von
4 runden Brötchen	den Deckel abschneiden, aushöhlen, das Innere zerkleinern
300 g frische Champignons	putzen, abreiben, evtl. kurz waschen, vierteln
1 Zwiebel	abziehen, fein würfeln
½ Bund Petersilie	waschen, hacken
4 EL Speiseöl	in einer Pfanne erhitzen
	Zwiebel darin glasig dünsten, Champignons hinzufügen und etwa 5 Minuten weiter dünsten, etwas abkühlen lassen
3 Eier	mit dem Brötcheninneren und der Petersilie unterrühren, mit
Salz	und
Pfeffer	würzen
	die Masse in die Brötchen füllen und mit
80 g geriebenem Käse	bestreuen
	die Brötchen auf einem mit Backpapier belegten Backblech in den Backofen schieben
Ober-/Unterhitze	etwa 200 °C (vorgeheizt)
Heißluft	etwa 180 °C (nicht vorgeheizt)
Gas	etwa Stufe 4 (vorgeheizt)
Backzeit	etwa 8 Minuten.

Champignon-Taschen

	Für die Füllung
1 kg Champignons	putzen, mit Küchenpapier abreiben, evtl. kurz waschen, in Scheiben schneiden
2 kleine Zwiebeln	abziehen, würfeln
20 g Butter	in einer Pfanne zerlassen, Zwiebelwürfel darin andünsten, Champignons hinzufügen, gar dünsten lassen (ohne Deckel, Flüssigkeit muß verkochen), mit
1 TL Weizenmehl	bestäuben, kurz verrühren
1 EL Crème fraîche	unterrühren, Pilze mit
Salz, Pfeffer, Paprika	abschmecken, abkühlen lassen.
	Für den Quark-Ölteig
250 g Weizenmehl	mit
1 Pck. Backpulver	mischen, in eine Rührschüssel sieben
125 g Speisequark	
50 ml Milch	
50 ml Speiseöl	
1 Ei	
½ gestrichener TL Salz	hinzufügen und mit Handrührgerät mit Knethaken auf höchster Stufe in etwa 1 Minute zu einem Teig verarbeiten (nicht zu lange, Teig klebt sonst)
75 g geraspeltem Käse (z. B. Gouda)	unterkneten, anschließend den Teig auf der bemehlten Arbeitsfläche zu einer Rolle formen
	den Teig zum Rechteck (60x30 cm) ausrollen, in 8 Quadrate (15x 15 cm) schneiden, jedes Quadrat mit jeweils einer von
8 rohen Schinkenscheiben	belegen, Pilzmasse darauf verteilen
1 Eigelb	mit
1 TL Milch	verquirlen
	Teigränder mit Eigelbmilch bestreichen, Teig so überklappen, daß Dreiecke entstehen, auf ein mit Backpapier belegtes Backblech legen, Taschen mit Eigelbmilch bestreichen, mit
150 g geraspeltem Käse (z. B. Greyerzer)	bestreuen, mit Paprika bestäuben
Ober-/Unterhitze	180–200 °C (vorgeheizt)
Heißluft	160–180 °C (nicht vorgeheizt)
Gas	Stufe 3–4 (vorgeheizt)
Backzeit	etwa 30 Minuten.

Feine Fischtaschen

	Für den Nudelteig
400 g Weizenmehl	
4 Eier	
3 EL Speiseöl	
1 TL Salz	zu einem geschmeidigen Teig verkneten und eingewickelt etwa 2 Stunden ruhen lassen den Teig auf einer bemehlten Arbeitsfläche dünn ausrollen und 8 Quadrate (15 x 15 cm) daraus schneiden den Teig auf einem leicht bemehlten Küchentuch ausbreiten.
	Für das Fischragout
200 g Seezungenfilet	abspülen, trockentupfen und kleinschneiden
150 g rohe Scampi	pulen
100 g Jakobsmuscheln (aus dem Glas)	abtropfen lassen
30 g Butter	zerlassen, den Fisch, die Scampi und die Muscheln darin andünsten und herausnehmen den Bratensatz mit
250 ml (¼ l) Weißwein	ablöschen und bis auf einen kleinen Rest einkochen
125 g Crème double	unterrühren, mit
Salz	abschmecken und den Fisch, die Scampi und die Muscheln wieder hineingeben und erwärmen die Teigblätter in
kochendes Salzwasser	geben
1 EL Speiseöl	hinzufügen, die Nudeln etwa 2 Minuten kochen, herausnehmen, das Ragout auf die Teigstücke geben, die Ecken übereinanderschlagen, mit
frischen Basilikumblättern	garnieren, sofort servieren.

Frischkäse-Taschen

(Etwa 10 Stück)

10 Platten (450 g) TK-Blätterteig	abgedeckt bei Zimmertemperatur auftauen lassen
100 g Cornichons	und
150 g rohen Schinken	in feine Würfel schneiden, unter
150 g Frischkäse mit Kräutern, z. B. Bresso	rühren

	die Teigplatten aufeinanderlegen, auf der leicht bemehlten Arbeitsfläche dünn ausrollen, rund ausstechen (Ø etwa 10 cm)
	die Frischkäse-Creme darauf geben, zu Halbkreisen zusammenlegen, die Ränder gut andrücken
1 Eigelb	mit
1 TL Milch	verschlagen, die Teigoberfläche damit bestreichen, mehrmals mit einer Gabel einstechen, auf ein mit Wasser abgespültes Backblech geben
Ober-/Unterhitze	etwa 200 °C (vorgeheizt)
Heißluft	etwa 180 °C (nicht vorgeheizt)
Gas	Stufe 3–4 (vorgeheizt)
Backzeit	15–20 Minuten.

Gebackene Pilztaschen

	Für den Hefeteig
400 g Weizenmehl	in eine Schüssel sieben
1 Pck. Trockenhefe	
1 Ei	
1 TL Salz, 1 TL Zucker	
knapp 200 ml lauwarmes Wasser	hinzufügen, die Zutaten mit dem Handrührgerät mit Knethaken in etwa 5 Minuten zu einem Teig verarbeiten, zugedeckt an einem warmen Ort so lange gehen lassen, bis er sich sichtbar vergrößert hat.
	Für die Füllung
je 150 g weiße und braune Champignons	
150 g Steinpilze	
150 g Pfifferlinge	
150 g Austernpilze	putzen, waschen, abtropfen lassen, große Pilze in Würfel, kleine in Scheiben schneiden
50 g Butter oder Margarine	zerlassen, die Pilze darin anbraten
2 kleine Zwiebeln	abziehen, fein würfeln, zusammen mit
1 EL grobgehackter Petersilie	
1 EL grobgehacktem Basilikum	
1 EL grobgeschnittenem Schnittlauch	hinzufügen, mit

Salz	
frisch gemahlenem Pfeffer	würzen, evtl. austretende Flüssigkeit einkochen lassen den Hefeteig auf einer bemehlten Arbeitsfläche ausrollen, zu Quadraten (10 x 10 cm) schneiden, jedes Quadrat mit 2–3 Eßlöffeln Pilzragout belegen
1 Ei	mit
1 EL Wasser	verquirlen, Teigränder damit bestreichen, übereinander klappen, so daß Taschen entstehen, auf ein mit Backpapier belegtes Backblech legen, nochmals gehen lassen, bis sie sich sichtbar vergrößert haben. Die Oberfläche mit dem Rest des verquirlten Eis bestreichen, in den Backofen schieben
Ober-/Unterhitze	180–200 °C (vorgeheizt)
Heißluft	160–180 °C (nicht vorgeheizt)
Gas	Stufe 3–4 (vorgeheizt)
Backzeit	15–20 Minuten.

Gefüllte Taschen

	Für den Teig
250 g Weizenmehl	
1 Pck. Backpulver	
125 g Speisequark	mit
4 EL Milch	
1 Eigelb, ½ Eiweiß	
4 EL Speiseöl	
1 gestr. TL Salz	mit einem Handrührgerät mit Knethaken in 1 Minute zu einem Teig verarbeiten, zu einer Rolle formen, den Teig auf der bemehlten Arbeitsfläche ausrollen, etwa 8 Quadrate (12 x 12 cm) ausschneiden.
	Für die Füllung
200 g gewürfelte Salami	mit
100 g kleingeschnittenen Oliven	vermengen, auf jedes Teigstück etwa 1 Eßlöffel der Füllung geben, die Ränder des Teiges mit verquirltem
½ Eiweiß	bestreichen, zu einem Dreieck zusammendrücken, mit
1 EL Dosenmilch	bestreichen, auf ein mit Backpapier belegtes Backblech legen, in den Backofen schieben
Ober-/Unterhitze	180–200 ° C (vorgeheizt)
Heißluft	160–180 °C (nicht vorgeheizt)
Gas	Stufe 3–4 (vorgeheizt)
Backzeit	etwa 15 Minuten.

Gemüseecken »Gärtnerin«

	Für den Hefeteig
250 g Weizenmehl	in eine Rührschüssel sieben, mit
1 Pck. Trockenhefe	sorgfältig vermischen
1 TL Zucker	
1 gestr. TL Salz	
frisch gemahlenen Pfeffer	
4 EL Speiseöl	
125 ml (1/8 l) lauwarmes Wasser	hinzufügen, mit Handrührgerät mit Knethaken zunächst auf niedrigster, dann auf höchster Stufe in etwa 3 Minuten zu einem glatten Teig verarbeiten, den Teig abgedeckt so lange an einem warmen Ort stehenlassen, bis er sich sichtbar vergrößert hat.
	Für den Belag
3 Eier	mit
1 gestr. TL Salz	
frisch gemahlenem Pfeffer	verrühren
2 Knoblauchzehen	abziehen, durchpressen und mit
100 g geriebenem Emmentaler Käse	
1 Becher (150 g) Crème fraîche	
125 ml (1/8 l) Schlagsahne	
2 EL gehackten Kräutern	unter die Eiermasse rühren
1 Stange Porree (150 g)	putzen, waschen und in Ringe schneiden
2 rote Paprikaschoten (je 200 g)	halbieren, entstielen, entkernen, die weißen Scheidewände entfernen, waschen, in feine Streifen schneiden
1 Dose Mais (285 g Abtropfgewicht)	abtropfen lassen
	den gegangenen Teig nochmals kurz durchkneten und auf einem gefetteten Backblech ausrollen, das Gemüse darauf verteilen und die Käsesauce darübergeben, das Backblech in den Backofen schieben
Ober-/Unterhitze	etwa 200 °C (vorgeheizt)
Heißluft	etwa 180 °C (nicht vorgeheizt)
Gas	Stufe 3–4 (vorgeheizt)
Backzeit	etwa 30 Minuten
	den Kuchen in Dreiecke schneiden und warm oder kalt servieren.

Gemüse-Käse-Taschen

(10 Stück)

1 Pck (300 g)	
TK-Blätterteig	nach Packungsanleitung auftauen lassen
100 g Maiskörner	
(aus der Dose)	abtropfen lassen
100 g Leerdamer	fein reiben
50 g paprikagefüllte Oliven	in Scheiben schneiden (ein paar Scheiben zum Garnieren beiseite stellen)
100 g Cocktailtomaten	waschen und in Würfel schneiden
	Mais, 75 g Leerdamer, Oliven und Tomaten mischen, mit
Salz	
frisch gemahlenem Pfeffer	
1 Spritzer Tabasco	abschmecken
	Blätterteigscheiben halbieren und jedes Quadrat noch etwas auseinanderrollen
1 Ei	trennen, Teigränder mit Eiweiß bestreichen
	Käse-Gemüse-Mischung in die Mitte der Blätterteigstücke geben, Teig diagonal überklappen und den Rand festdrücken
	Taschen auf ein mit kaltem Wasser abgespültes Backblech legen und mit verquirltem Eigelb bestreichen, restlichen Käse darüberstreuen, in den Backofen schieben
Ober-/Unterhitze	200–220 °C (vorgeheizt)
Heißluft	180–200 °C (nicht vorgeheizt)
Gas	etwa Stufe 4 (vorgeheizt)
Backzeit	10–15 Minuten
	das Gebäck mit den restlichen Olivenscheiben und
Zitronenmelisseblättchen	verzieren.

Herzhafte Edelpilz-Käsetörtchen

(22–24 Stück)

250 g Weizenmehl	in eine Rührschüssel sieben
½ TL Salz	
2 Eigelb	
150 g Butter	
1–2 EL Wasser	hinzufügen und mit dem Handrührgerät mit Knethaken zunächst kurz auf niedrigster, dann auf höchster Stufe gut durcharbeiten, anschließend auf der Arbeitsfläche zu einem glatten Teig verkneten und im Kühlschrank etwa 1–2 Stunden ruhen lassen.
	Für den Belag
1 Zwiebel	abziehen und fein würfeln
2 Stangen Porree (Lauch)	
oder 5 Frühlingszwiebeln	putzen, waschen, gut abtropfen lassen und in Ringe schneiden
40 g Butter	in einem Topf erhitzen und die Zwiebelwürfel und Porree bzw. Frühlingszwiebelringe darin etwa 5 Minuten dünsten
3 Scheiben Knäckebrot	mit Hilfe einer Teigrolle zerbröseln
	den Teig auf der bemehlten Arbeitsfläche etwa 3 mm dick ausrollen und in die gefetteten Tortelettförmchen (Ø 6,5–9 cm) legen, mehrmals einstechen
	den Teig mit den Knäckebrotbröseln bestreuen und die Zwiebel-Porree-Masse darauf verteilen
200 g Edelpilz-Käse	
(z. B. Gorgonzola)	fein würfeln und darüberstreuen
1 Becher (150 g)	
saure Sahne	mit
3 Eiern	verquirlen, mit
Salz	
frisch gemahlenem Pfeffer	würzen
3 EL Basilikumstreifen	zugeben, die Masse auf die Förmchen verteilen, die Förmchen auf dem Rost in den Backofen schieben
Ober-/Unterhitze	etwa 200 °C (vorgeheizt, unterste Schiene)
Heißluft	etwa 180 °C (nicht vorgeheizt)
Gas	Stufe 3–4 (vorgeheizt)
Backzeit	18–20 Minuten
	die Käsetörtchen heiß servieren.

Lauchtörtchen

	Für den Teig
250 g Weizenmehl	mit
50 g Buchweizenmehl	in eine Schüssel geben
140 g Butter	
50 g saure Sahne	
1 Ei	
1 TL Salz	hinzufügen, die Zutaten zu einem geschmeidigen Teig verkneten, 30 Minuten ruhen lassen.
	Für die Füllung
600 g Lauch (Porree)	putzen, waschen, in Scheiben schneiden
1 l Wasser	aufkochen, salzen, den Lauch 2 Minuten darin blanchieren, kalt abschrecken, gut abtropfen lassen
200 g Joghurt	mit
125 ml (1/8 l) Schlagsahne	
3 Eiern	
2 EL Hefeflocken	
Salz	
frisch gemahlenem Pfeffer	
geriebener Muskatnuß	verrühren
	den Teig nochmals gut durchkneten, auf der bemehlten Arbeitsfläche dünn ausrollen, Tortelett-Formen mit dem Teig auskleiden, mit einer Gabel den Boden mehrmals einstechen, Lauch gleichmäßig darauf verteilen, mit Eimasse auffüllen, die Oberfläche mit
50 g Sonnenblumenkernen	bestreuen, die Törtchen auf dem Rost in den Backofen schieben
Ober-/Unterhitze	etwa 200 °C (vorgeheizt, unterste Schiene)
Heißluft	etwa 180 °C (nicht vorgeheizt)
Gas	Stufe 3–4 (vorgeheizt)
Backzeit	etwa 30 Minuten.

Champignon-Brötchen, Rezept Seite 8

Mini-Quiches mit Spinat, Rosinen und gerösteten Sonnenblumenkernen, Rezept Seite 26

Katerbrötchen, Rezept Seite 21

Pikante Bällchen, Rezept Seite 27

Pizzastangen mit Tomatensauce, Rezept Seite 34

Katerbrötchen

(Foto Seite 19)

	Für den Teig
375 g Weizenmehl	in eine Rührschüssel sieben, mit
1 Pck. Trockenhefe	sorgfältig vermischen
1 TL Zucker	
etwas Salz	
250 ml (¼ l) lauwarme Milch	
50 g zerlassene, abgekühlte Butter	hinzufügen, die Zutaten mit Handrührgerät mit Knethaken zunächst auf niedrigster, dann auf höchster Stufe in etwa 5 Minuten zu einem Teig verarbeiten, den Teig zugedeckt so lange an einem warmen Ort stehenlassen, bis er sich sichtbar vergrößert hat (etwa 20 Minuten), ihn leicht mit Mehl bestäuben, aus der Schüssel nehmen, auf der Arbeitsfläche nochmals kurz durchkneten 6 Brötchen daraus formen, auf ein mit Backpapier belegtes Backblech legen, die obere Seite der Brötchen kreuzweise einschneiden, nochmals an einem warmen Ort gehen lassen, bis sie sich sichtbar vergrößert haben die Brötchen mit
etwas Wasser	bestreichen, mit
etwas Mehl	bestäuben
Ober-/Unterhitze	180–200 °C (vorgeheizt)
Heißluft	160–180 °C (nicht vorgeheizt)
Gas	Stufe 3–4 (vorgeheizt)
Backzeit	etwa 20 Minuten Brötchen etwas abkühlen lassen, Deckel abschneiden, Brötchen aushöhlen
125 g gekochten Schinken	und
125 g rohen Schinken	in kleine Stücke schneiden
125 g Gouda	grob raspeln
100 g Butter	geschmeidig rühren, Schinken und Käse (etwas Käse zurücklassen) unterrühren die Brötchen mit der Masse füllen, mit dem restlichen Käse bestreuen, mit Paprika bestäuben, auf ein Backblech stellen, die Deckel mit auf das Backblech legen

Ober-/Unterhitze	200–220 °C (vorgeheizt)
Heißluft	180–200 °C (nicht vorgeheizt)
Gas	Stufe 4–5 (vorgeheizt)
Backzeit	5–7 Minuten (Deckel etwas eher herausnehmen) Brötchen mit Deckel belegen und nach Belieben mit
Petersilie	garniert anrichten.

Kleine Käse-Gemüse-Kuchen

	Für den Teig
300 g Weizenmehl	in eine Rührschüssel sieben, mit
1 Pck. Trockenhefe	sorgfältig vermischen
½ TL Zucker	
1 gestr. TL Salz	
150 ml lauwarmes Wasser	hinzufügen, zuletzt
100 g geriebenen Gouda	unterkneten, den Teig halbieren, zu zwei langen Rollen formen, in je 6 gleich große Stücke schneiden, zu Kugeln formen, rund ausrollen (Ø ca. 10 cm), auf ein mit Backpapier belegtes Backblech legen.
	Für den Belag
1 Zwiebel	abziehen, fein würfeln
2 EL Olivenöl	erhitzen, die Zwiebelwürfel darin andünsten
1 Dose Tomatenstücke (etwa 400 g)	
2 EL Tomatenmark	hinzufügen, etwas einkochen lassen, mit
Salz, Pfeffer	
gerebeltem Oregano	abschmecken, die Pizzaplatten damit bestreichen
200 g Kirschtomaten	waschen, vierteln
1 große Zwiebel	abziehen, in Scheiben schneiden
200 g Austernpilze oder Champignons	putzen, mit Küchenpapier abreiben, evtl. abspülen, in kleine Stücke schneiden
2 EL Speiseöl	erhitzen, Zwiebelscheiben und Pilze darin unter Rühren andünsten, mit Salz und Pfeffer bestreuen
3 Frühlingszwiebeln	putzen, waschen, in Ringe schneiden, zu den Pilzen geben, kurz mitdünsten
je ½ rote und gelbe Paprikaschote (etwa 300 g)	entstielen, entkernen, die weißen Scheidewände entfernen, die Schoten waschen, in feine Streifen schneiden, 3 Minuten in

kochendes Salzwasser	geben
1 kleine Zucchini (etwa 100 g)	putzen, die Enden abschneiden, Zucchini in Scheiben schneiden
75 g Salami	kleinschneiden
100 g Edelpilzkäse	
75 g Camembert	den Käse in kleine Stücke schneiden, die Pizzaplatten nach Belieben mit den Zutaten belegen, mit
150 g geriebenem Emmentaler	bestreuen, das Backblech in den Backofen schieben
Ober-/Unterhitze	etwa 200 °C (vorgeheizt)
Heißluft	etwa 180 °C (nicht vorgeheizt)
Gas	Stufe 3–4 (vorgeheizt)
Backzeit	etwa 15 Minuten.

Kümmel-Käse-Stangen

	Für den Teig
150 g Weizenmehl	
150 g geriebenen Gouda	
150 g Butterflöckchen	in eine Rührschüssel geben und zu einem glatten Teig verarbeiten, etwa 30 Minuten kalt stellen Teig auf der bemehlten Arbeitsfläche ½ cm dick ausrollen, 8 cm lange und 2 cm breite Streifen daraus schneiden Streifen an beiden Enden entgegengesetzt drehen und auf ein gefettetes Backblech legen
1 Ei	mit
2 EL Milch	verquirlen, die Stangen damit bestreichen, mit
3 TL Kümmel	bestreuen, das Backblech in den Backofen schieben
Ober-/Unterhitze	180–200 °C (vorgeheizt)
Heißluft	160–180 °C (nicht vorgeheizt)
Gas	Stufe 3–4 (vorgeheizt)
Backzeit	etwa 10 Minuten.

Knusper-Salz-Blätterteigstangen

1 Pck. (450 g) TK-Blätterteig	nach Packungsanleitung auftauen lassen, auf einer bemehlten Arbeitsfläche dünn ausrollen, in etwa 2 cm breite und 12 cm lange Streifen rädern
2 Eigelbe	mit
2 EL Milch	verschlagen, die Teigstreifen damit bestreichen, mit
grobem Salz	bestreuen die Streifen spiralförmig drehen (das eine Ende nach rechts, das andere nach links herum drehen), auf ein mit kaltem Wasser abgespültes Backblech legen, in den Backofen schieben
Ober-/Unterhitze	200–220 °C (vorgeheizt)
Heißluft	180–200 °C (nicht vorgeheizt)
Gas	Stufe 4–5 (vorgeheizt)
Backzeit	etwa 10 Minuten.

Kürbistaschen mit Putenschnitzel

	Für den Teig
250 g Weizenmehl	in eine Rührschüssel sieben
1 TL Salz	
1 Ei	
100 ml (1/10 l) Speiseöl	
etwa 3 EL kaltes Wasser	hinzufügen, die Zutaten mit dem Handrührgerät mit Knethaken zu einem Teig verarbeiten, anschließend auf der bemehlten Arbeitsfläche nochmals kurz durchkneten, den Teig etwa 30 Minuten ruhen lassen.
	Für die Füllung
1 kleine Zwiebel	abziehen, fein würfeln
1 EL Speiseöl	in einer Pfanne erhitzen, die Zwiebelwürfel darin andünsten
100 g Putenschnitzel	unter fließendem kaltem Wasser abspülen, trockentupfen, in sehr feine Streifen schneiden, die Fleischstreifen zu den Zwiebeln geben, kurz mitbraten, abkühlen lassen
20 g Mandelstifte	in einer Pfanne ohne Fett rösten
50 g süß-sauer eingelegten Kürbis (aus dem Glas)	abtropfen lassen, in kleine Würfel schneiden

1 Bund Schnittlauch	mit kaltem Wasser abspülen, mit Haushaltspapier trockentupfen, in Röllchen schneiden
50 g Emmentaler Käse	fein reiben, mit den übrigen Zutaten vermengen
1 kleines Ei	
1 TL Zitronensaft	unterrühren, mit
1 EL Soja-Sauce	abschmecken
	den Teig auf einer mit
Weizenmehl	bestreuten Arbeitsfläche messerrückendick ausrollen, Kreise von etwa 10 cm Durchmesser ausstechen, je 1 Eßlöffel Füllung in die Mitte geben, zum Halbkreis zusammenklappen, die Ränder mit
1 verquirlten Eiweiß	bestreichen, zusammendrücken, auf ein mit Backpapier belegtes Backblech legen
1 Eigelb	mit
1 EL Wasser	verquirlen, die Teigoberfläche damit bestreichen, in den Backofen schieben
Ober-/Unterhitze	etwa 200 °C (vorgeheizt)
Heißluft	etwa 180 °C (nicht vorgeheizt)
Gas	etwa Stufe 4 (vorgeheizt)
Backzeit	etwa 20 Minuten
	vor dem Servieren etwas abkühlen lassen.
Beigabe	Saure Sahne.

Käse-Gebäck (Quark-Blätterteig)

250 g Weizenmehl	mit
2 gestr. TL Backpulver	mischen, in eine Rührschüssel sieben
250 g Speisequark	
Salz	
250 g weiche Butter	hinzufügen
	die Zutaten mit einem Handrührgerät mit Knethaken zunächst kurz auf niedrigster, dann auf höchster Stufe gut durcharbeiten, anschließend auf der Arbeitsfläche zu einem glatten Teig verkneten, 30 Minuten ruhen lassen
	den Teig etwa ½ cm dick ausrollen, mehrfach übereinanderschlagen, wieder ausrollen das Übereinanderschlagen und Ausrollen ein- bis zweimal wiederholen, den Teig (am besten über Nacht) kalt stellen
	den Teig knapp ½ cm dick ausrollen, Streifen und Vierecke ausrädern, mit
Kondensmilch	bestreichen, mit

Salz	
geriebenem Parmesan- oder Schweizer Käse	
Kümmel	
grob gemahlenem grünem oder rotem Pfeffer	bestreuen, auf ein mit kaltem Wasser abgespültes Backblech legen, in den Backofen schieben
Ober-/Unterhitze	200–220 °C (vorgeheizt)
Heißluft	180–200 °C (nicht vorgeheizt)
Gas	Stufe 4–5 (vorgeheizt)
Backzeit	etwa 10 Minuten.

Mini-Quiches mit Spinat, Rosinen und gerösteten Sonnenblumenkernen

(etwa 10 Stück, Foto Seite 18)

400 g TK-Blätterteig	nach Packungsanleitung abgedeckt auftauen lassen, ausrollen, in gefettete Quicheförmchen legen, Rand etwas hochdrücken
1 kg frischen Blattspinat	gut putzen, waschen, in
Salzwasser	blanchieren, auf ein Sieb geben, gut ausdrücken und fein schneiden
2 EL eingeweichte Rosinen	
4 EL geröstete Sonnenblumenkerne	untermischen
	die Spinatmasse mit
Salz	
Pfeffer	
geriebenem Muskat	würzen, auf den Blätterteig verteilen
5 Eier	mit
150 ml Schlagsahne	
150 g Crème fraîche	verquirlen, mit Salz, Pfeffer und
Paprika edelsüß	würzen und über die Spinatmasse verteilen
	die Förmchen auf dem Rost in den Backofen schieben
Ober-/Unterhitze	etwa 200 °C (vorgeheizt)
Heißluft	etwa 180 °C (nicht vorgeheizt)
Gas	etwa Stufe 4 (vorgeheizt)
Backzeit	25–30 Minuten.
Tip	Statt frischem Blattspinat 2 Päckchen à 450 g TK-Spinat verwenden.

Pikante Bällchen

(Foto Seite 20)

200 ml Wasser	
40 g Butter oder Margarine	
1 Prise Salz	am besten in einem Stieltopf zum Kochen bringen
125 g Weizenmehl	mit
25 g Speisestärke	mischen, sieben, auf einmal in die von der Kochstelle genommene Flüssigkeit schütten, zu einem glatten Kloß rühren, unter Rühren etwa 1 Minute erhitzen, den heißen Kloß sofort in eine Schüssel geben, nach und nach
4–5 Eier	mit einem Handrührgerät mit Knethaken auf höchster Stufe unterarbeiten (die Eiermenge hängt von der Beschaffenheit des Teiges ab, er muß stark glänzen und so von einem Löffel abreißen, daß lange Spitzen hängen bleiben)
1 gestr. TL Backpulver	in den erkalteten Teig arbeiten
100 g Emmentaler Käse	raspeln
60 g Salamischeiben	in kleine Stücke schneiden, zusammen mit
etwas Oregano	unter den Teig arbeiten, aus der Masse mit Hilfe von 2 Teelöffeln 36 Häufchen auf ein gefettetes, mit Weizenmehl bestäubtes Backblech setzen, in den Backofen schieben
Ober-/Unterhitze	200–220 °C (vorgeheizt)
Heißluft	180–200 °C (nicht vorgeheizt)
Gas	Stufe 4–5 (vorgeheizt)
Backzeit	etwa 25 Minuten
	das Gebäck noch lauwarm verzehren.
Tip	Pikante Bällchen zubereiten, backen und einfrieren, vor dem Verzehr 5 Minuten bei 200 °C aufbacken.

Pikante Küchlein

	Für den Hefeteig
375 g Weizenmehl	in eine Rührschüssel sieben, mit
1 Pck. Trockenhefe	sorgfältig mischen
1 TL Zucker	
1 TL Salz	
4 EL Speiseöl	
250 ml lauwarmes Wasser	hinzufügen und mit Handrührgerät mit Knethaken zunächst auf niedrigster Stufe, dann auf höchster Stufe in etwa 5 Minuten zu einem Teig verarbeiten

	den Teig zugedeckt so lange an warmem Ort stehenlassen, bis er sich sichtbar vergrößert hat
100 g geraspelten Gouda	unterkneten.
	Für die Ananas-Küchlein
	die Hälfte des Teiges in 8 Stücke teilen, zu Kugeln formen, etwas flach drücken, dabei in die Mitte eine Vertiefung drücken, auf ein mit Backpapier belegtes Backblech legen
8 kleine Ananasscheiben (aus der Dose)	gut abtropfen lassen, je 1 in jede Vertiefung legen, von
8 Scheiben rohem Schinken	je 1 in die Mitte jeder Ananasscheibe drücken
100 g Käse in Scheiben, z. B. Gouda, Greyerzer	in 3 cm breite Streifen schneiden, darüber verteilen, das Backblech in den Backofen schieben
Ober-/Unterhitze	etwa 200 °C (vorgeheizt)
Heißluft	etwa 180 °C (nicht vorgeheizt)
Gas	Stufe 3–4 (vorgeheizt)
Backzeit:	etwa 15 Minuten.
	Für die Mett-Küchlein
	unter die andere Teighälfte
2 EL gehackte Kräuter, z. B. Petersilie, Dill	kneten und den Teig in 8 Stücke teilen, Teigstücke zu Kugeln formen, etwas flach drücken, dabei in die Mitte eine Vertiefung drücken, auf ein mit Backpapier belegtes Backblech legen.
	Für den Belag
	von
2 Tomaten, in Scheiben	je 1 in jede Vertiefung legen, aus
400 g Thüringer Mett	8 Kugeln formen, etwas flach drücken, auf die Tomatenscheiben legen
1 rote Zwiebel	abziehen, in Ringe schneiden, daraufgeben
100 g Käse in Scheiben, z. B. Gouda, Greyerzer	in 3 cm breite Streifen schneiden, darüber verteilen das Backblech in den Backofen schieben
Ober-/Unterhitze	etwa 200 °C (vorgeheizt)
Heißluft	etwa 180 °C (nicht vorgeheizt)
Gas	Stufe 3–4 (vorgeheizt)
Backzeit	etwa 15 Minuten.

Pikante Krapfen mit Kräuterquark

	Für den Teig
150 g Weizenmehl	
100 g Buchweizenvollkornmehl	
80 g Weizenvollkornmehl	
1 Pck. Trockenhefe	in eine Rührschüssel geben, gut vermischen
1 Ei	
2 EL Olivenöl	
1 TL Salz	
frisch gemahlenen Pfeffer	
125 ml (1/8 l) Milch	hinzufügen, alle Zutaten mit Handrührgerät mit Knethaken in 5 Minuten zu einem Teig verarbeiten, abgedeckt an einem warmen Ort gehen lassen, bis er sich sichtbar vergrößert hat.
	Für die Füllung
30 g Butter	erhitzen
2 Knoblauchzehen	
2 Zwiebeln	abziehen, fein würfeln, in der Butter andünsten
100 g Zucchini	waschen, die Enden abschneiden, die Zucchini in kleine Würfel schneiden, hinzufügen
50 g Kürbiskerne	
30 g Sonnenblumenkerne	ebenfalls kräftig anrösten mit
1 EL Tomatenmark	
2 TL Harissa (Türkische Chilisauce)	würzen
1 Bund Schnittlauch	abspülen, in feine Röllchen schneiden, dazugeben die Füllung mit
2 EL Haferflocken	binden, auskühlen lassen Teig aus der Schüssel nehmen, kurz durchkneten und zu einer 5 cm dicken Rolle formen, diese in 12 etwa 1 cm dicke Scheiben schneiden, die Scheiben mit den Fingern zu 8 cm großen Fladen formen, die Füllung auf die Fladen verteilen, Fladen verschließen, so daß eine Kugel entsteht, Krapfen auf eine bemehlte Arbeitsfläche legen, abgedeckt gehen lassen, bis sie sich sichtbar vergrößert haben
	in der Zwischenzeit
Sonnenblumenöl	erhitzen, die Krapfen 3–4 Minuten darin goldbraun ausbacken, nach halber Backzeit Krapfen wenden.

	Für den Kräuterquark
250 g Magerquark	mit
100 ml Milch	verrühren
1 Bund gemischte Kräuter (Petersilie, Sauerampfer, Schnittlauch, Dill)	abspülen, fein schneiden
1 Schalotte	abziehen, fein würfeln Kräuter und Zwiebeln unter den Quark rühren, mit
Salz	
frisch gemahlenem Pfeffer	
1 EL Kürbiskernöl	würzen.

Pikante Käse-Schiffchen

	Für den Teig
250 g Weizenmehl	in eine Rührschüssel sieben
1 TL Salz	
125 g kalte Butter	
4 EL Wasser	hinzufügen, die Zutaten mit dem Handrührgerät mit Knethaken zu einem Teig verarbeiten, anschließend auf der bemehlten Arbeitsfläche nochmals kurz durchkneten, abgedeckt 30 Minuten ruhen lassen auf einer bemehlten Arbeitsfläche dünn ausrollen und 12 gefettete Schiffchen-Förmchen damit auslegen, Teig mehrmals mit einer Gabel einstechen, auf dem Rost in den Backofen schieben und vorbacken
Ober-/Unterhitze	etwa 200 °C (vorgeheizt)
Heißluft	etwa 180 °C (nicht vorgeheizt)
Gas	Stufe 3–4 (vorgeheizt)
Backzeit	etwa 10 Minuten
125 g Crème double	mit
1 Ei	
150 g kleingewürfeltem Schafskäse	verrühren, mit
Salz, Pfeffer	
Paprika edelsüß	abschmecken, die Masse auf die Förmchen verteilen und bei gleicher Temperatur noch 15 Minuten backen Gebäck aus den Formen lösen, warm oder kalt verzehren.
Tip	Wer keine Schiff-Förmchen hat, kann auch 12 Tortelettförmchen verwenden.

Pikante Maisschnitten

(4 Portionen)

750 ml Gemüsebrühe	zum Kochen bringen, mit
Salz, Pfeffer	würzen
250 g Maisgrieß	einstreuen und bei geringer Hitze etwa 10 Minuten garen, zwischendurch umrühren
50 g Maismehl	zugeben, nochmals etwa 5 Minuten unter ständigem Rühren kochen lassen, bis sich die Masse vom Topfboden löst
	den Maisbrei auf einer geölten Form oder auf gefetteter Alufolie etwa 1 cm dick streichen, erkalten lassen und in 3 x 5 cm große Rechtecke schneiden
2 Eier	verquirlen, Maisschnitten erst darin, dann in
100 g Vollkornsemmelbröseln	wenden und in heißem
Olivenöl	von beiden Seiten goldgelb backen.
Tip	Nach Belieben Pilz- oder Gemüsegerichte dazu reichen, die Maisschnitten können, mit Honig abgeschmeckt, auch zu eingeweichtem Trockenobst serviert werden.

Pikante Mohnmonde

100 g Weizenvollkornmehl	in eine Rührschüssel geben, mit
50 g Grünkernmehl	sorgfältig mischen
80 g geriebenen Gouda Käse	
80 g geriebenen Emmentaler Käse	
100 g zerlassene Butter	
6 EL saure Sahne	
Meersalz	
¼ TL Paprikapulver	
¼ TL schwarzen Pfeffer	
½ TL geriebene Muskatnuß	hinzufügen, mit einem Handrührgerät mit Knethaken zu einem weichen Teig verarbeiten, zugedeckt im Kühlschrank etwa 1 Stunde ruhen lassen, den Teig auf der Arbeitsfläche etwa ½ cm dick ausrollen, Halbmonde ausstechen auf ein mit Backpapier belegtes Backblech legen

1 Eigelb	mit
1 EL Wasser	verrühren, die Monde damit bestreichen, mit
30 g Mohn	bestreuen, das Blech in den Backofen schieben
Ober-/Unterhitze	200–220 °C (vorgeheizt)
Heißluft	180–200 °C (nicht vorgeheizt)
Gas	Stufe 3–4 (vorgeheizt)
Backzeit	15–20 Minuten.

Pikante Quark-Taschen

	Für den Teig
1 Pck. (450 g)	
TK-Blätterteig	nach Packungsanleitung bei Zimmertemperatur auftauen lassen.
	Für die Füllung
1 Zwiebel	abziehen, fein würfeln
150 g gekochten	
Schinken	in Würfel schneiden beide Zutaten mit
1 Pck. (200 g)	
Paprika Quark	
1 Ei	verrühren
	die Blätterteigplatten übereinander legen und auf der bemehlten Arbeitsfläche ausrollen, in Quadrate oder Rechtecke schneiden oder runde Plättchen ausstechen, die Quark-Füllung darauf verteilen
	die Teigstücke beliebig zusammenklappen, die Ränder mit etwas
Wasser	bestreichen, gut festdrücken
	die Quark-Taschen auf ein mit kaltem Wasser abgespültes Backblech legen
1 Eigelb	mit
1 EL Milch	verschlagen, die Taschen damit bestreichen, mit
Sesam	bestreuen
	das Backblech in den Backofen schieben
Ober-/Unterhitze	etwa 200 °C (vorgeheizt)
Heißluft	etwa 180 °C (nicht vorgeheizt)
Gas	Stufe 3–4 (vorgeheizt)
Backzeit	etwa 20 Minuten.

Pikantes Käsegebäck

250 g Weizenmehl (Type 550)	mit
1 gestr. TL Backpulver	mischen, in eine Rührschüssel sieben
½ gestrichenen TL Salz	
1 Msp. Paprika edelsüß	
100 g feingeriebenen Maasdamer	
75 g feingeriebenen alten Gouda	
1 Ei	
125 ml (⅛ l) Schlagsahne	hineingeben
125 g kalte Butter	in Stücke schneiden, hinzufügen. Mit Handrührgerät mit Knethaken zu einem Teig verarbeiten, auf der bemehlten Arbeitsfläche nochmals kurz durchkneten, dabei zu einer Kugel formen, sollte er kleben, ihn eine Zeitlang kalt stellen
	den Teig knapp 1cm dick ausrollen, in etwa 4x4 cm große Quadrate schneiden, auf ein Backblech legen
1 EL Wasser	mit
1 Ei	verschlagen, Gebäck damit bestreichen, nach Belieben mit
gehackten Walnußkernen	
grobem Salz	
gehackten Haselnußkernen	
gehackten Pistazienkernen	
gehackten Mandeln	
Mohn	
Kümmel	bestreuen
Ober-/Unterhitze	180–200 °C (vorgeheizt)
Heißluft	160–180 °C (nicht vorgeheizt)
Gas	Stufe 3–4 (vorgeheizt)
Backzeit	10–12 Minuten.

Pizza-Stangen mit Tomatensauce

(Foto Seite 20)

	Für den Teig
250 g Weizenmehl	mit
3 gestr. TL Backpulver	mischen, in eine Rührschüssel sieben
125 g Magerquark	
50 ml Milch	
50 ml Speiseöl	
1 Ei	
½ gestr. TL Salz	hinzufügen, die Zutaten mit Handrührgerät mit Knethaken auf höchster Stufe in etwa 1 Minute zu einem Teig verarbeiten (nicht zu lange, Teig klebt sonst).
	Für die Tomatensauce
2 Zwiebeln	abziehen, würfeln, in
2 EL Olivenöl	andünsten
1 Dose (400 g) Tomatenstücke	
2 EL Tomatenmark	hinzufügen, 10 Minuten köcheln lassen, mit
Salz, Pfeffer, Oregano	würzen, die Masse pürieren den Teig zu einem Rechteck (20 x 15 cm) ausrollen, in 10 Streifen (Länge 15 cm) schneiden, die obere Seite mit etwas Tomatensauce bestreichen Stangen spiralförmig drehen, auf ein mit Backpapier belegtes Backblech legen
1 Eigelb	mit
1 EL Wasser	verquirlen, Pizzastangen damit bestreichen, mit
100 g geriebener Käse	bestreuen, das Blech in den Backofen schieben
Ober-/Unterhitze	
Heißluft	160–180 °C (nicht vorgeheizt)
Gas	Stufe 3–4 (vorgeheizt)
Backzeit	etwa 12 Minuten die Stangen etwas abkühlen lassen, mit dem Rest der Tomatensauce servieren.

Schwyzer Brötli

(Foto Seite 37)

	Für den Teig
425 g Weizenvollkornmehl	in eine Rührschüssel geben, mit
1 Pck. Trockenhefe	sorgfältig mischen
1 TL Farinzucker	
1 gestr. TL Salz	
3 EL Speiseöl	
25 ml (¼ l) lauwarmes Wasser	hinzufügen, alle Zutaten mit Handrührgerät mit Knethaken zu einem Teig verarbeiten, an einem warmen Ort so lange gehen lassen, bis er sich sichtbar vergrößert hat, aus der Schüssel nehmen, auf der bemehlten Arbeitsfläche nochmals kurz durchkneten
200 g Emmentaler	in Würfel schneiden
2 TL frischen grünen Pfeffer	zerdrücken, unter den gegangenen Teig kneten
	Teig in eine gut gefettete, gesemmelte Brotbackform oder einen gewässerten Römertopf geben
100 g Emmentaler	in kleine Keile schneiden, in den Teig drücken, nochmals gehen lassen, bis er sich sichtbar vergrößert hat, auf dem Rost in den Backofen schieben
Ober-/Unterhitze	etwa 200 °C (nicht vorgeheizt)
Heißluft	etwa 180 °C (nicht vorgeheizt)
Gas	Stufe 3–4 (nicht vorgeheizt)
Backzeit	etwa 50 Minuten
	etwa 10 Minuten in der Form gehen lassen, dann aus der Form nehmen und auskühlen lassen
Kräuterbutter	dazu reichen.

Südamerikanische Pilz-Empanadas

(16 Stück)

400 g feingemahlenes Dinkelmehl	in eine Rührschüssel geben
1 gestr. TL Salz	
4 EL Speiseöl	
250 ml (1/4 l) Wasser	zufügen, die Zutaten mit dem Handrührgerät mit Knethaken zu einem Teig verarbeiten, anschließend auf der bemehlten Arbeitsfläche nochmals kurz durchkneten.
	Für die Füllung
500 g Champignons	putzen, mit Küchenpapier abreiben, evtl. abspülen, die Champignons in Würfel schneiden
40 g Butter	in einer Pfanne zerlassen, Pilze hineingeben, unter Rühren etwa 5 Minuten dünsten, mit
1 EL feingehacktem Basilikum	
1/2 TL gerebeltem Thymian	
Kräutersalz	
frisch gemahlenem Pfeffer	abschmecken die Pilze etwas abkühlen lassen
100 g Frischkäse mit französischen Kräutern	unterrühren
50 g Oliven	entsteinen, fein hacken, unter die Pilzmasse heben den Teig auf einer bemehlten Arbeitsfläche dünn ausrollen, Kreise (Ø etwa 10 cm) ausstechen, die Ränder mit
1 Eiweiß	bestreichen, jeweils etwas von der Pilzfüllung in die Mitte der Kreise setzen, zusammenklappen, den Teig gut festdrücken die Oberfläche der Teigtaschen mit
1 Eigelb	bestreichen
1 l Ausbackfett	in einem großen, flachen Topf erhitzen, die Täschchen portionsweise mit dem Schaumlöffel hineingeben, goldbraun ausbacken, auf Küchenpapier abtropfen lassen, servieren.
Tip	Empanadas können auch im Backofen zubereitet werden, dazu mit
100 g geriebenem mittelaltem Gouda	bestreuen, auf einem Backblech in den Ofen schieben
Ober-/Unterhitze	etwa 180 °C (vorgeheizt)
Heißluft	etwa 160 °C (nicht vorgeheizt)
Gas	Stufe 3–4 (vorgeheizt)
Backzeit	etwa 15 Minuten.

Schwyzer Brötli, Rezept Seite 35

Vollkorn-Hefefladen mit Käse, Rezept Seite 42 *Schnippelkuchen, Rezept Seite 52*

Spinat-Tomaten-Tortilla, Rezept Seite 54 *Tortilla Leerdamer, Rezept Seite 55*

Blätterteig-Pastete mit pikanter Gouda-Paprika-Füllung, Rezept Seite 63

Tomaten-Oliven-Törtchen

(etwa 10 Stück)

	Für den Teig
375 g Weizenmehl	in eine Rührschüssel geben, in die Mitte eine Vertiefung drücken
200 g Butter oder Margarine	in kleine Stücke schneiden
2 Eier	
½ TL Salz	hinzugeben, mit dem Handrührgerät mit Knethaken zunächst kurz auf niedrigster, dann auf höchster Stufe gut durcharbeiten, anschließend auf der Arbeitsfläche zu einem glatten Teig verkneten, den Teig in Folie wickeln, im Kühlschrank 1 Stunde kalt stellen.
	Für den Belag
300 g Frischkäse mit französischen Kräutern	mit
2 Eiern	verrühren
500 g Tomaten	waschen, die Stengelansätze entfernen, quer in etwa 1 cm dicke Scheiben schneiden
	den Teig auf einer bemehlten Arbeitsfläche knapp ½ cm dünn ausrollen und Kreise von etwa 11 cm Durchmesser ausstechen, in Tortelettförmchen von etwa 8 cm Durchmesser legen und am Rand festdrücken
	die Frischkäsemasse darauf verteilen, mit je einer Tomatenscheibe garnieren, von
10–14 schwarzen Oliven	je eine auf jede Tomatenscheibe legen, mit Salz,
frisch gemahlenem Pfeffer	würzen, die Förmchen auf dem Rost in den Backofen schieben
Ober-/Unterhitze	180–200 °C (vorgeheizt)
Heißluft	160–180 °C (nicht vorgeheizt)
Gas	etwa Stufe 4 (vorgeheizt)
Backzeit	etwa 20 Minuten.

Vollkorn-Hefefladen mit Käse

(4 Stück, Foto Seite 38)

	Für den Teig
375 g Vollkornmehl	in eine Rührschüssel sieben, mit
1 Pck. Trockenhefe	sorgfältig vermischen
½ EL Honig	
½ gestr. TL Salz	
1 Ei	
200 ml Wasser	
100 g zerlassene, abgekühlte Butter	
½ TL Salz	hinzufügen, die Zutaten mit Handrührgerät mit Knethaken zunächst auf niedrigster, dann auf höchster Stufe in etwa 5 Minuten zu einem Teig verarbeiten, den Teig zugedeckt so lange an einem warmen Ort stehenlassen, bis er sich sichtbar vergrößert hat (etwa 20 Minuten).
	Für den Belag
250 g Zwiebeln	abziehen, grob würfeln
2 Knoblauchzehen	abziehen, fein hacken
2 Zucchini	putzen, waschen, in Scheiben schneiden
100 g frische Champignons	putzen, abreiben, feinblättrig schneiden
2 EL Butterschmalz	erhitzen, das Gemüse darin kurz anbraten
1 kg Tomaten	enthäuten, entkernen, Tomaten grob schneiden, mit
2 Lorbeerblättern	
Salz, Pfeffer	
1 EL Majoran	
1 Msp. Cayennepfeffer	
1 EL gehackter glatter Petersilie	zum Gemüse geben und 5–10 Minuten köcheln lassen den Teig leicht mit Mehl bestäuben, aus der Schüssel nehmen, auf der Arbeitsfläche nochmals kurz durchkneten, in 4 gleiche Teile schneiden und zu runden Fladen ausrollen die Fladen, jeweils 2 Stück, auf mit Backpapier belegte Backbleche legen und mit dem Gemüse belegen
450 g Tilsiter	in Streifen schneiden, auf dem Gemüse verteilen
Ober-/Unterhitze	200–220 °C (vorgeheizt)
Heißluft	180–200 °C (nicht vorgeheizt)
Gas	Stufe 4–5 (vorgeheizt)
Backzeit	etwa 15 Minuten.

Aus der Pfanne

Überbackene Brokkoli-Pfannkuchen

	Für den Teig
250 g Weizenmehl	in eine Rührschüssel sieben
1 Prise Salz	
4 Eier	hinzufügen und mit einem Schneebesen verrühren, nach und nach
375 ml (3/8 l) Milch	
125 ml Mineralwasser	
30 g zerlassene Butter	unterrühren, den Teig 15–30 Minuten ruhen lassen.
	Für die Füllung
750 g Brokkoliröschen	waschen und im kochenden
Salzwasser	etwa 5 Minuten garen, den Brokkoli abtropfen lassen, etwas von der Flüssigkeit auffangen, die Hälfte des Brokkolis mit 5–6 Eßlöffeln Kochflüssigkeit
abgeriebener Schale von 1 Zitrone (unbehandelt)	
250 g Magerquark	
Salz, Cayennepfeffer	und abgezogenem, kleingeschnittenem
2 Knoblauchzehen	pürieren
500 g reife Tomaten	waschen, oben kreuzweise einschneiden, kurz in kochendes Wasser legen (nicht kochen lassen), kalt abschrecken und enthäuten, die Tomaten halbieren, den Stengelansatz entfernen, entkernen und das Fruchtfleisch in Würfel schneiden
1 EL Olivenöl	unterrühren und mit
Salz, frisch gemahlenem Pfeffer	würzen
	den Teig durchrühren, etwas
Speiseöl	in einer Pfanne erhitzen und nacheinander aus dem Teig 8 Pfannkuchen backen, jeden Pfannkuchen mit etwas Brokkolimasse und einigen ganzen Brokkoliröschen belegen, zusammenklappen und schuppenförmig in eine gefettete Auflaufform legen, die Tomatenwürfel darübergeben und mit
40 g geriebenem Parmesan	bestreuen, die Form auf dem Rost in den Ofen schieben
Ober-/Unterhitze	200–220 °C (vorgeheizt)
Heißluft	180–200 °C (nicht vorgeheizt)
Gas	etwa Stufe 4 (vorgeheizt)
Backzeit	15–20 Minuten.

Überbackener Nudeleierkuchen mit Champignons

	Für den Teig
150 g kleine Nudeln	in
2 l kochendes Salzwasser	geben, nach Packungsanleitung kochen lassen, auf ein Sieb geben, mit kaltem Wasser übergießen, abtropfen lassen
200 g Weizenmehl	in eine Schüssel sieben, in die Mitte eine Vertiefung eindrücken
3 Eier	mit
Salz	und etwas von den
375 ml (3/8 l) Flüssigkeit (halb Milch, halb Wasser)	verschlagen, in die Vertiefung geben, von der Mitte aus Eier und Mehl verrühren, nach und nach die übrige Flüssigkeit hinzugießen, darauf achten, daß keine Klumpen entstehen, die Nudeln unterrühren, den Teig etwa 30 Minuten ruhen lassen.
	Für die Füllung
150 g durchwachsenen Speck	in Würfel schneiden, auslassen
2 Zwiebeln	abziehen, würfeln, in dem Speckfett glasig dünsten lassen
500 g Champignons	putzen, waschen, in Scheiben schneiden, zu den Zwiebelwürfeln geben, mit
Salz	
frisch gemahlenem Pfeffer	würzen, etwa 10 Minuten dünsten lassen
3 EL saure Sahne	
1 Ecke Schmelzkäse	unterrühren, evtl. nochmals mit den Gewürzen abschmecken, warm stellen
Butter oder Margarine	in einer Stielpfanne zerlassen, eine dünne Nudelteig-Lage hineingeben, von beiden Seiten goldgelb backen bevor der Nudeleierkuchen gewendet wird, etwas Fett in die Pfanne geben damit die Eierkuchen vor dem Füllen nicht kalt werden, sie warm stellen, bis alle Nudeleierkuchen fertig gebacken sind

	auf eine Hälfte jedes Eierkuchens etwas von der Pilzfüllung geben, die andere Eierkuchenhälfte darüberklappen, die Nudeleierkuchen schuppenförmig auf einer Platte anrichten, mit
125 g geriebenem Gouda-Käse	bestreuen, im Backofen überbacken, bis der Käse geschmolzen ist
Ober-/Unterhitze	220–240 °C (vorgeheizt)
Heißluft	200–220 °C (vorgeheizt)
Gas	Stufe 5–6 (vorgeheizt)
Zeit zum Überbacken	8–10 Minuten.
Beigabe	Blatt-, Tomaten- oder Paprikasalat.

Crêpekuchen mit Crabmeat und Kresse

(10 Stück)

	Für den Crêpeteig
	aus
120 g Weizenmehl	
3 Eier	
1 Prise Salz	
250 ml (1/4 l) Milch	
30 g zerlassener Butter	einen Teig herstellen und 15 Minuten stehenlassen.
	Für die Füllung
75 g Gartenkresse (2 Kästchen)	waschen und kleinschneiden
1 säuerlichen Apfel	schälen, vierteln, entkernen und fein reiben, mit
1 EL Zitronensaft	beträufeln und mit der Kresse (etwas zurückbehalten) verrühren
150 g Crabmeat (Surimi)	abtropfen lassen, in kleine Stücke schneiden, in einer Schüssel mit
150 g saurer Sahne	
3 EL Mayonnaise	
50 g Krabben-Creme aus der Tube	vermengen, mit
Paprika edelsüß	
Cayennepfeffer	
Salz	
frisch gemahlenem Pfeffer	abschmecken

	die Crêpes in einer kleinen Pfanne mit
etwas Butter	auf beiden Seiten goldgelb backen, warm stellen die erste Crêpe auf eine Kuchenplatte oder einen großen Teller legen, mit etwas Crabmeat-Masse bestreichen und mit Kresse und Apfelmischung belegen die nächste Crêpe darauflegen, wieder mit Crabmeat, Kresse und Apfelmischung belegen und bis zur letzten Crêpe so fortfahren, die letzte Crêpe darauflegen und den Kuchen etwas zusammenpressen, mit der zurückbehaltenen Kresse bestreuen.
Tip	Wer es etwas edler mag, nimmt anstatt Crabmeat (Surimi-)Shrimps. Der Crêpekuchen kann lauwarm oder kalt serviert werden. Mit dem elektrischen Messer in Stücke schneiden.

Gemüse-Eierkuchen mit Krabben

(2–3 Portionen)

300 g Zucchini	putzen, waschen, trockenreiben und würfeln
1 kleine Dose (150 g) Mais	abtropfen lassen
2 EL Speiseöl	in einer Pfanne erhitzen und das Gemüse darin andünsten
150 g Krabben	hinzufügen und mit
Salz, frisch gemahlenem Pfeffer	würzen
4 Eier	mit
3 EL Weizenmehl **175 ml Flüssigkeit (halb Schlagsahne, halb Milch)**	gut verrühren und mit
Salz und Cayennepfeffer	abschmecken
1 Bund Schnittlauch	abspülen, trockentupfen und in Röllchen schneiden 1/3 des Eierkuchenteigs über 1/3 des Gemüses gießen, die Pfanne mit einem Deckel verschließen und die Eimasse bei schwacher Hitze etwa 8 Minuten stocken lassen (die untere Seite muß bräunlich gebacken sein) den Eierkuchen wenden, fertigbacken und mit Schnittlauch bestreuen, aus dem restlichen Gemüse und dem Teig zwei weitere Gemüse-Eierkuchen backen.
Beilage	Baguette.
Tip	Übriggebliebene Pfannkuchen können, in Streifen geschnitten, sehr gut als Einlage für klare Suppen oder Brühen verwendet werden.

Haferflocken-Eierkuchen mit Hackfleischfüllung

	Für den Teig
75 g Haferkleie-Flocken **50 g Haferflocken** **100 g Weizenvollkornmehl**	mischen, in eine Schüssel geben
3 Eier	mit
Salz **geriebenem Muskat** **3 EL geriebener Käse** **500 ml (½ l) Milch**	verschlagen, alles in die Schüssel geben, mit dem Knethaken des Handrührgeräts zu einem Teig verrühren (es dürfen keine Klumpen entstehen), den Teig 30–40 Minuten stehenlassen.
	Für die Hackfleischsauce
1 EL Pflanzenöl	erhitzen
375 g Gehacktes (halb Rind-, halb Schweinefleisch)	darin unter ständigem Rühren anbraten, dabei die Fleischklümpchen zerdrücken
1 Zwiebel (50 g)	abziehen und in kleine Würfel schneiden
1–2 Knoblauchzehen	abziehen und fein hacken, beide Zutaten zum Fleisch hinzufügen, dünsten und mit
Salz, Pfeffer **Paprika** **gerebeltem Thymian** **gerebeltem Oregano**	würzen
etwa 70 g Tomatenmark (aus der Dose) **125 ml (⅛ l) Rotwein**	unterrühren, zum Kochen bringen, die Sauce 10 Minuten kochen lassen, eventuell nochmals mit den Gewürzen abschmecken, warm stellen von
3 EL (45 g) Butter	etwas in einer Pfanne erhitzen, eine dünne Teiglage hineingeben, von beiden Seiten goldgelb backen, bevor der Eierkuchen gewendet wird, etwas Fett in die Pfanne geben, die übrigen Eierkuchen auf die gleiche Weise zubereiten, auf die Eierkuchen die Hackfleischsauce geben, Eierkuchen zusammenklappen und servieren.

Kürbis-Reibekuchen

500 g Kartoffeln	schälen, waschen
500 g Kürbis	schälen, die Kerne mit einem Löffel auskratzen, beide Zutaten reiben, mit
Meersalz	
2 Eiern	
30 g Weizenvollkornmehl	verrühren, etwas von
125 ml (1/8 l)	
Maiskeimöl	erhitzen, den Teig eßlöffelweise hineingeben, flach drücken, von beiden Seiten braun und knusprig backen.
Beigabe	Apfelmus, Bohnensalat.

Käse-Eierkuchen mit Fleischsauce

	Für den Teig
250 g Weizenmehl	in eine Schüssel sieben, in die Mitte eine Vertiefung eindrücken
4 Eigelbe	mit etwas
Salz	
250 ml (1/4 l) Milch	verschlagen, in die Vertiefung geben, von der Mitte aus Eigelb-Milch und Mehl verrühren, nach und nach die restliche Milch und
250 ml (1/4 l) Mineralwasser	hinzugießen, darauf achten, daß keine Klumpen entstehen
100 g geriebenen Gouda	unterrühren, den Teig 30 Minuten stehenlassen.
	Für die Fleischsauce
2 Zwiebeln	abziehen, würfeln
1 EL Butter oder Margarine	zerlassen, die Zwiebelwürfel darin andünsten
400 g Tomatenstücke (aus der Dose)	mit dem Saft
1 geh. TL Paprika edelsüß	
gerebeltem Basilikum	
Salz, Pfeffer	zu den Zwiebelwürfeln geben, etwa 5 Minuten durchdünsten lassen
etwa 300 g Rindfleisch im eigenen Saft (Dose)	in Würfel schneiden, mit dem Saft zu der Tomaten-Zwiebel-Masse geben, miterhitzen

	die Fleischsauce evtl. nochmals mit Paprika, Salz, Pfeffer abschmecken, warm stellen
4 Eiweiß	steif schlagen, vorsichtig unter den Eierkuchenteig heben
Butter oder Margarine	in einer Stielpfanne erhitzen, eine dünne Teiglage hineingeben, den Käseeierkuchen von beiden Seiten goldgelb backen, bevor der Eierkuchen gewendet wird, etwas Fett in die Pfanne geben die übrigen Käseeierkuchen auf die gleiche Weise zubereiten die fertigen Eierkuchen mit der Fleischsauce anrichten.
Beigabe	Grüner Salat.

Pikante Kartoffelküchlein

1 kg mehligkochende Kartoffeln	schälen, waschen, in Stücke schneiden, in
Salzwasser	etwa 25 Minuten kochen, abgießen, abdämpfen, durch eine Kartoffelpresse geben oder zerstampfen, abkühlen lassen
1 EL Paprika edelsüß **2 TL gemahlenen Kreuzkümmel** **1 Msp. Cayennepfeffer** **1 Bund frischen gehackten Koriander** **1 Ei** **75 g Weizenmehl**	unterkneten, mit
Salz **frisch gemahlenem Pfeffer**	abschmecken, mit nassen Händen flache Klopse formen, etwa 30 Minuten kalt stellen, dann in
Olivenöl	von beiden Seiten goldbraun braten.

Pillekuchen

4 Eier	mit
1 TL Salz	
4 EL Weizenmehl	
125 ml (⅛ l) Milch	verschlagen, darauf achten, daß keine Klumpen entstehen
750 g Kartoffeln	schälen, waschen, gut abtropfen lassen, in etwa ½ cm breite Stifte schneiden
3 EL Butterschmalz	in einer Stielpfanne zerlassen, die Kartoffelstifte hineingeben, mit
Salz	bestreuen, zugedeckt bei schwacher Hitze fast gar braten lassen, die Eiermilch darüber gießen, so lange ohne Deckel weiterbraten, bis die Eiermilch zu stocken beginnt den Pillekuchen mit Hilfe des Deckels wenden, die andere Seite so lange erhitzen, bis sie goldbraun gebraten ist
Bratzeit	35–40 Minuten.

Schnippelkuchen

(Foto Seite 38)

30 g Weizenmehl	mit
100 ml Milch	verrühren, etwas quellen lassen
6 Eier	unterschlagen
750 g Kartoffeln	schälen, waschen, grob raspeln, sofort mit dem Eier-Teig vermengen
1 Zwiebel	abziehen, fein würfeln, unter den Kartoffel-Eier-Teig rühren, mit
Salz	
frisch gemahlenem	
Pfeffer	würzen, einige Scheiben von
300 g Frühlingsspeck	in einer Pfanne ausbraten, etwas von dem Teig hineingeben, flach drücken, von jeder Seite etwa 5 Minuten braten, warm stellen, den restlichen Teig und Speck auf die gleiche Weise zubereiten, die Schnippelkuchen mit
feingeschnittenem	
Schnittlauch	bestreut servieren.

Speck-Pfannkuchen

	Für den Teig
250 g Weizenmehl	in eine Schüssel sieben, in die Mitte eine Vertiefung eindrücken
2 Eier	mit
500 ml (½ l) Milch	
abgeriebener Schale von 1 Zitrone (unbehandelt)	
Salz	verschlagen, etwas davon in die Vertiefung geben, von der Mitte aus Eier-Milch und Mehl verrühren, nach und nach die übrige Eier-Milch hinzufügen, darauf achten, daß keine Klumpen entstehen
½ Bund Schnittlauch	waschen, kleinschneiden, unter den Teig rühren
150 g durchwachsenen Speck	in sehr dünne Scheiben schneiden
Schmalz	in einer Pfanne zerlassen, einige Speckscheiben darin anbraten, eine dünne Teiglage daraufgeben, den Speck-Pfannkuchen von beiden Seiten goldgelb backen, aus den restlichen Zutaten auf die gleiche Weise Pfannkuchen zubereiten.

Spinat-Pfannkuchen-Torte

	Für den Teig
250 g Weizenvollkorn-mehl	in eine Rührschüssel geben
1 Prise Salz	
4 Eier	hinzufügen
250 ml (¼ l) Milch	und
250 ml (¼ l) Mineral-wasser	nach und nach mit einem Schneebesen unterrühren, dabei darauf achten, daß sich keine Klümpchen bilden, den Teig etwa 30 Minuten quellen lassen.
	Für die Füllung
1–2 Bund Frühlings-zwiebeln	putzen, waschen und in feine Ringe schneiden
1–2 Knoblauchzehen	abziehen, die Zwiebeln in
1 EL Butter	andünsten, den Knoblauch dazupressen und kurz durch-dünsten

2 Pck. (je 300 g)	
TK-Spinat, angetaut	hinzufügen, mit
Salz, frisch gemahlenem Pfeffer	
geriebener Muskatnuß	würzen und nach Packungsanleitung garen
3 EL Sonnenblumenkerne	in einer Pfanne ohne Fett hellbraun rösten, den Pfannkuchenteig durchrühren und nacheinander im heißen
Butterschmalz	8 Pfannkuchen backen, einen Pfannkuchen in eine gefettete, flache Auflaufform legen. Die Pfannkuchen schichtweise mit Spinat, Sonnenblumenkernen und
250 g geriebenem deutschem Gouda	belegen, den obersten Pfannkuchen mit Käse bestreuen, die Form auf dem Rost in den Backofen schieben.
Ober-/Unterhitze	etwa 200 °C (vorgeheizt)
Heißluft	etwa 180 °C (nicht vorgeheizt)
Gas	Stufe 3–4 (vorgeheizt)
Backzeit	etwa 20 Minuten.

Spinat-Tomaten-Tortilla

(Foto Seite 39)

300 g TK-Spinat	nach Packungsanleitung auftauen und gut abtropfen lassen
2 mittelgroße Zwiebeln	schälen, grob würfeln in einer großen Pfanne
3 EL Olivenöl	erhitzen, Zwiebelwürfel darin glasig dünsten, Spinat dazugeben und etwa 5 Minuten unter Rühren dünsten
8 Eier	mit
100 g geriebenem Käse, z.B. Don Bernado oder Emmentaler	verquirlen, mit
Salz, Pfeffer	würzen, in der Pfanne über das Gemüse gießen, bei mittlerer Hitzezufuhr etwa 5 Minuten stocken lassen
150 g Kirschtomaten	waschen, Stengelansatz entfernen, halbieren oder in Scheiben schneiden, auf die an der Oberfläche noch flüssige Eimasse verteilen die Pfanne auf dem Rost in den Backofen stellen, bis die Eimasse fest ist
Ober-/Unterhitze	180–200 °C (vorgeheizt)
Heißluft	160–180 °C (nicht vorgeheizt)
Gas	etwa Stufe 3 (vorgeheizt)
Backzeit	etwa 15 Minuten

vor dem Servieren Tortilla in Viertel oder Achtel schneiden, wer es herzhafter mag, streut sich noch etwas geriebenen Käse darüber.

Tip Wer keine für den Backofen geeignete Pfanne besitzt, deckt die Tortilla nach dem Belegen mit Tomatenscheiben in der Pfanne ab und läßt sie etwa 15 Minuten bei geringer Hitze mit Deckel garen.

Tortilla Leerdamer

(Foto Seite 39)

800 g Kartoffeln	schälen, waschen, würfeln und mit Küchenpapier trocknen
1 Zwiebel	
2 Knoblauchzehen	beide Zutaten schälen und würfeln
100 g Leerdamer	und
50 g Chorizo-Wurst	
oder Salami	würfeln, in einer großen Pfanne
100 ml Olivenöl	erhitzen (der Boden muß gut bedeckt sein), Kartoffeln, Zwiebeln und Knoblauch hinzufügen, etwa 10 Minuten braten, zwischendurch wenden (die Kartoffeln nicht braun werden lassen)
	erst dann die Kartoffeln mit
½TL Salz	bestreuen, noch weitere 10 Minuten langsam braten und regelmäßig umrühren
6 Eier	mit Salz und
frisch gemahlenem	
Pfeffer	verquirlen, Käse- und Wurstwürfel hinzufügen
	die verquirlten Eier in die Pfanne geben, den Deckel auflegen und etwa 15 Minuten langsam garen oder die Pfanne auf dem Rost in den Backofen stellen
Ober-/Unterhitze	180–200 °C (vorgeheizt)
Heißluft	160–180 °C (nicht vorgeheizt)
Gas	etwa Stufe 3 (vorgeheizt)
Backzeit	etwa 15 Minuten
	die Tortilla in Stücke schneiden, mit Baguettebrot und einem Salat servieren.

Überbackener Nudeleierkuchen mit Champignons

	Für den Teig
150 g kleine Nudeln	nach Packungsanleitung kochen, auf ein Sieb geben, mit kaltem Wasser übergießen, abtropfen lassen
200 g Weizenmehl	in eine Schüssel sieben, in die Mitte eine Vertiefung eindrücken
3 Eier	mit
Salz	und etwas von
375 ml (3/8 l) Flüssigkeit (halb Milch, halb Wasser)	verschlagen, in die Vertiefung geben, von der Mitte aus Eier und Mehl verrühren, nach und nach die übrige Flüssigkeit hinzugießen, die Nudeln unterrühren, den Teig etwa 30 Minuten ruhen lassen.
	Für die Füllung
150 g durchw. Speck	in Würfel schneiden, auslassen
2 Zwiebeln	abziehen, würfeln, in dem Speckfett glasig dünsten lassen
500 g Champignons	putzen, waschen, in Scheiben schneiden, zu den Zwiebelwürfeln geben, mit
Salz, Pfeffer	würzen, etwa 10 Minuten dünsten lassen
3 EL saure Sahne	
1 Ecke Schmelzkäse	unterrühren, evtl. nochmals mit den Gewürzen abschmecken, warm stellen
Butter oder Margarine	in einer Stielpfanne zerlassen, eine dünne Nudelteig-Lage hineingeben, von beiden Seiten goldgelb backen die Eierkuchen nacheinander backen, warm stellen auf eine Hälfte jedes Eierkuchens etwas von der Pilzfüllung geben, die andere Eierkuchenhälfte darüberklappen, die Nudeleierkuchen schuppenförmig auf einer Platte anrichten, mit
125 g geriebenem Gouda-Käse	bestreuen, im Backofen überbacken, bis der Käse geschmolzen ist
Ober-/Unterhitze	220–240 °C (vorgeheizt)
Heißluft	200–220 °C (vorgeheizt)
Gas	Stufe 5–6 (vorgeheizt)
Zeit zum Überbacken	8–10 Minuten.
Beigabe	Blatt-, Tomaten- oder Paprikasalat.

Heilbutt-Pastete, Rezept Seite 73

Käse-Wähe, Rezept Seite 81

Kartoffelpastete, Rezept Seite 82

Pasteten mit Pilzfüllung, Rezept Seite 86

Pasteten, Pies und Wähen

Blätterteig-Pastete mit pikanter Gouda-Paprika-Füllung

(Foto Seite 40)

je 1 rote, grüne und gelbe Paprikaschote	putzen, vierteln, entkernen, die weißen Scheidewände entfernen, Paprikaschoten waschen und in feine Würfel schneiden
700 g Zwiebeln	abziehen, in Streifen schneiden
5 EL Speiseöl	in einer großen Pfanne oder einem Bräter erhitzen und die Zwiebeln darin 10 Minuten offen schmoren Paprikawürfel hinzufügen, mit
Paprika edelsüß **1 TL Kümmel** **1 abgezogenen, gehackten Knoblauchzehe** **½ Bund feingehacktem Thymian**	würzen weiter schmoren, bis die gesamte Flüssigkeit verdunstet ist
2 EL Semmelbrösel **200 ml Schlagsahne**	hinzufügen, etwas kochen lassen, bis die Masse trocken ist, ganz abkühlen lassen
250 g jungen Gouda	in feine Würfel schneiden
1 Bund Petersilie	grob hacken, beides unter die Masse mengen
450 g TK-Blätterteig	nach Packungsanleitung abgedeckt auftauen lassen auf einer bemehlten Arbeitsfläche zu einem Rechteck (30 x 40 cm) ausrollen die abgekühlte Füllmasse auf den Blätterteig geben, dabei links und rechts etwa 2 cm frei lassen, aufrollen die seitlichen Nahtstellen und die Enden der Pastete mit
1 Eiweiß	bestreichen, festdrücken
1 Eigelb	mit
1 EL Wasser	verquirlen, die Pastete damit bestreichen und auf ein mit Backpapier belegtes Backblech legen, in den Backofen schieben
Ober-/Unterhitze	etwa 200 °C (vorgeheizt)
Heißluft	etwa 180 °C (nicht vorgeheizt)
Gas	etwa Stufe 4 (vorgeheizt)
Backzeit	etwa 35 Minuten Die Füllung läßt sich schon einen Tag vorher zubereiten und ist so ein schnelles Gericht für Gäste.

Bratwurstwähe

(2 Stück)

	Für den Teig
250 g Weizenmehl	in eine Rührschüssel sieben
125 g Butter	
½ TL Salz	
2–3 EL kaltes Wasser	hinzufügen, zu einem glatten, geschmeidigen Teig verkneten, Teig in Folie gewickelt gut 30 Minuten kühl stellen zwei Pie-Formen (Ø 28–30 cm) mit Butter ausstreichen.
	Für den Belag
1–1½ kg Blattspinat	verlesen, gut waschen, abtropfen lassen
1 Zwiebel	abziehen und würfeln, in
15 g Butter	andünsten, Spinat zu den Zwiebeln geben und dünsten, bis er zusammengefallen ist (eventuell in zwei Portionen), mit
Salz	
frisch gemahlenem Pfeffer	
geriebener Muskatnuß	würzen, etwas abkühlen lassen Teig in zwei Hälften teilen, jeweils ¾ des Teiges ausrollen und die gefetteten Formen damit auslegen, Teigboden mehrfach mit einer Gabel einstechen aus dem restlichen Teig jeweils eine Rolle formen, in Scheiben schneiden und mit Wasser – etwas überlappend – auf den Teigrand kleben Formen auf dem Rost in den Backofen schieben und nacheinander vorbacken
Ober-/Unterhitze	etwa 200 °C (vorgeheizt)
Heißluft	etwa 180 °C (nicht vorgeheizt)
Gas	Stufe 3–4 (vorgeheizt)
Backzeit	etwa 15 Minuten Spinat auf den Böden verteilen
500 g frische Bratwurst vom Meter	aufrollen, in
1 EL Speiseöl	von beiden Seiten anbraten und auf den Spinat legen
2 Eier	mit
125 ml (⅛ l) Schlagsahne	verquirlen
125 g mittelalten holländischen Gouda	reiben und unterrühren, mit Salz, Pfeffer und Muskat würzen, über Spinat und Käse gießen

	Wähen nacheinander auf dem Rost im Backofen fertig backen
Ober-/Unterhitze	etwa 200 °C (vorgeheizt)
Heißluft	etwa 180 °C (nicht vorgeheizt)
Gas	Stufe 3–4 (vorgeheizt)
Backzeit	etwa 30 Minuten.
Tip	Die Bratwürste beim Schlachter vorbestellen.

Feine Erbsenpasteten

200 g Möhren	putzen, schrappen, waschen, in Würfel schneiden
2 Pck. (je 300 g) TK-Erbsen	
1½ EL Butter	zerlassen, Erbsen, Möhren darin andünsten
knapp 375 ml (⅜ l) Hühnerbrühe	hinzugießen, mit
Salz	würzen, zum Kochen bringen, etwa 10 Minuten kochen lassen
2 Stangen Porree	putzen, längs halbieren, waschen, in Streifen schneiden, zu dem Gemüse geben, etwa 5 Minuten mitkochen lassen
	⅔ des Gemüses aus der Brühe nehmen, das restliche Gemüse im Topf mit Pürierstab pürieren, das aus der Brühe genommene Gemüse zu dem Püree geben
250 g gekochten Schinken	in Streifen schneiden, mit
1 Becher (150 g) Crème fraîche	
75 g geriebenem Gouda-Käse	verrühren, hinzufügen, erhitzen, mit
Salz	
frisch gemahlenem Pfeffer	
geriebener Muskatnuß	abschmecken
gehackte Petersilie	unterrühren, die Füllung warm stellen, von
6 gekauften Pasteten	Hülsen und Deckel auf ein Backblech legen, im Backofen nach Anleitung aufbacken
	die Füllung heiß in die Pasteten geben, die Deckel lose auf die Füllung legen, sofort servieren.

Feine Leberpastetchen

	Für den Teig
1 Pck. (300 g) TK-Blätterteig	bei Zimmertemperatur auftauen lassen.
	Für die Füllung
300 g Schweineleber	unter fließendem kaltem Wasser abspülen, trockentupfen, enthäuten, durch die große Scheibe des Fleischwolfes drehen
1½ Eier	
2 geh. EL Semmelmehl	hinzufügen
2 Zwiebeln	abziehen, würfeln
1 EL Butter	zerlassen, die Zwiebelwürfel darin etwa 3 Minuten unter Rühren dünsten lassen, mit
1 EL gehackter Petersilie	
gemahlenem Majoran	
gemahlenem Salbei	
1 EL Weinbrand	zu der Lebermasse geben, mit
Salz	
Pfeffer	würzen
	die drei Blätterteigplatten aufeinanderlegen, zu einem Rechteck (30 x 40 cm) ausrollen, 6 runde Teigplatten (Ø etwa 12 cm) und 6 runde Teigplatten (Ø etwa 10 cm) ausschneiden, die größeren Teigplatten in gefettete Torteletteförmchen legen
½ Ei	verschlagen, die Teigränder damit bestreichen, mit den kleineren Teigplatten bedecken
	die Pastetenoberflächen mit verschlagenem Ei bestreichen, die Pasteten-Förmchen auf dem Rost in den Backofen stellen
Ober-/Unterhitze	200–220 °C (vorgeheizt)
Heißluft	180–200 °C (nicht vorgeheizt)
Gas	Stufe 4–5 (vorgeheizt)
Backzeit	etwa 25 Minuten.

Fisch-Mousse

500 g Rotbarsch	evtl. unter fließendem kaltem Wasser abspülen, trockentupfen, im Mixer grob zerkleinern (der Rotbarsch muß eiskalt sein), mit
1 Becher (125 g) Crème double	
1 Ei	
Salz, Currypulver	verrühren
1 Zwiebel	abziehen, würfeln
100 g Champignons	putzen, mit Küchenpapier abreiben, in Scheiben schneiden
1 EL Speiseöl	in einer Pfanne erhitzen, die Zwiebel darin glasig dünsten, Champignons hinzufügen, kurz mitdünsten, unter die Fischmasse rühren
1 Bund glatte Petersilie	abspülen, trockentupfen, die Blättchen abzupfen, die Hälfte in einer länglichen Auflaufform verteilen
	die Fischmasse darauf verteilen, glattstreichen, die restliche Petersilie darüberstreuen
	die Form zugedeckt auf der untersten Schiene in den Backofen schieben
Ober-/Unterhitze	etwa 180 °C (vorgeheizt)
Heißluft	etwa 160 °C (nicht vorgeheizt)
Gas	etwa Stufe 3 (vorgeheizt)
Backzeit	etwa 30 Minuten
	die Mousse etwas abkühlen lassen, dann in Scheiben schneiden.

Feine Forellenpastete

2 küchenfertige Forellen	filetieren, enthäuten, unter fließendem kaltem Wasser abspülen, trockentupfen
1 Zwiebel	abziehen, in Ringe schneiden, mit Forellenfilets
1 EL feingeschnittenem Schnittlauch	in eine Schüssel schichten
100 ml Weißwein	mit
5 EL Speiseöl	verrühren, über die Filets gießen, zugedeckt 4–5 Stunden oder über Nacht kühl stellen
300 g Weizenmehl (Type 550)	in eine Rührschüssel sieben, in die Mitte eine Vertiefung eindrücken

1 Ei	
½ Eigelb, ½ Eiweiß	
1 EL kaltes Wasser	
½ TL Salz	hineingeben, mit einem Teil des Mehls zu einem dicken Brei verarbeiten
100 g kaltes Schweineschmalz	in Stücke schneiden, auf den Brei geben, mit Mehl bedecken, von der Mitte aus alle Zutaten schnell zu einem glatten Teig verkneten, den Knetteig 4–5 Stunden oder über Nacht kalt stellen
500 g TK-Schollenfilets	bei Zimmertemperatur auftauen lassen, durch die feine Scheibe des Fleischwolfes drehen
2 Eier	mit
1 geh. EL gehacktem Dill	
2 EL Semmelbröseln	
abgeriebener Schale von	
1 Zitrone (unbehandelt)	
1 Becher (150 g)	
Crème fraîche	
50 g zerlassener Butter	verrühren, mit
Salz	
frisch gemahlenem	
Pfeffer	kräftig würzen
	den Knetteig nochmals durchkneten, zwei Drittel des Teiges ausrollen, Platten entsprechend der Größe einer Kastenform (30 x 11 cm) für den Boden und die Seitenwände ausschneiden, die Kastenform mit
weicher Margarine	ausstreichen, die Boden-Teigplatte hineinlegen, die Ränder mit etwas von
½ verschlagenem Eiweiß	bestreichen, die Ränder der Teigplatten für die Seitenwände ebenfalls mit Eiweiß bestreichen, in die Form geben, an den Nahtstellen gut festdrücken
	die Hälfte der Fischmasse hineingeben, die Forellenfilets aus der Marinade nehmen, trockentupfen, auf die Fischmasse legen, mit der restlichen Fischmasse bedecken, leicht andrücken
	den Teig an den Seitenwänden der Kastenform etwa 1 cm über der Fischmasse abschneiden, den restlichen Teig ausrollen, eine Platte in der Größe der Kastenform-Oberfläche ausschneiden, mit einem runden Ausstechförmchen 2–3 Löcher (Ø 2–3 cm) ausstechen, die Decke auf die Fischmasse legen

die Teigreste ausrollen, kleine Figuren (Schuppen) ausstechen, auf der Unterseite mit Eiweiß bestreichen, auf der Pasteten-Oberfläche anordnen
die Form auf dem Rost in den Backofen schieben

½ Eigelb mit
½ EL Milch verschlagen, die Pastete nach etwa 30 Minuten Backzeit damit bestreichen

Ober-/Unterhitze 180–200 °C (vorgeheizt)
Heißluft 160–180 °C (nicht vorgeheizt)
Gas Stufe 3–4 (vorgeheizt)
Backzeit etwa 1¼ Stunden

die Pastete nach dem Backen vorsichtig vom Rand der Form lösen, etwas abkühlen, völlig erkalten lassen, nach Belieben mit
Weinaspik ausgießen, in Alufolie verpackt 1–2 Tage in den Kühlschrank stellen, durchziehen lassen.

Tip Dazu schmeckt Remouladensauce und grüner Salat.

Gemüse-Mousse

Von
500 g Brokkoli die Blätter entfernen, die Stengel am Strunk schälen, bis kurz vor den Röschen kreuzweise einschneiden, waschen
500 ml (½ l) Wasser mit
Salz zum Kochen bringen, den Brokkoli hineingeben (einige Röschen zum Garnieren zurücklassen), in 8–10 Minuten gar kochen lassen, den Brokkoli herausnehmen, kurz in kaltes Wasser legen, gut abtropfen lassen, durch ein Sieb streichen oder im Mixer pürieren

400 g Knollensellerie schälen, waschen, in kleine Stücke schneiden, in
125 ml (⅛ l) kochendes Salzwasser geben, zum Kochen bringen, in 10 Minuten gar kochen lassen, herausnehmen, gut abtropfen lassen, durch ein Sieb streichen oder im Mixer pürieren

400 g Möhren putzen, schälen, waschen, in Scheiben schneiden, in
125 ml (⅛ l) kochendes Salzwasser geben, zum Kochen bringen, in 15–20 Minuten gar kochen lassen, herausnehmen, gut abtropfen lassen, durch ein Sieb streichen oder im Mixer pürieren

je 2 gestr. TL gemahlene Gelatine, weiß mit

je 2 EL kaltem Wasser	in einem kleinen Topf anrühren, 10 Minuten zum Quellen stehenlassen, auflösen, jeweils unter das Gemüsepüree rühren
je 2 EL Crème fraîche	
je 2 Eiweiß	unterrühren, kräftig durchschlagen Brokkolipüree mit
Salz	
geriebener Muskatnuß	abschmecken, Selleriepüree mit
Salz, Pfeffer	abschmecken, Möhrenpüree mit
Zucker	
Ingwerpulver	abschmecken eine Terrinen- oder Pastetenform (z. B. Kastenform) mit
Speiseöl	fetten, zuerst das Selleriepüree einfüllen, glattstreichen, darauf etwa die Hälfte des Brokkolipürees geben, die zurückgelassenen Brokkoliröschen mit dem Stiel nach oben leicht eindrücken, mit dem restlichen Brokkolipüree bedecken, glattstreichen, zuletzt das Möhrenpüree daraufgeben, glattstreichen die Form verschließen und fest werden lassen (am besten über Nacht) Mousse aus der Form nehmen, in nicht zu dünne Scheiben schneiden.
Beigabe	Knackige Salate.

Gemüse-Schinken-Pie

5 Scheiben TK-Blätterteig	nach Packungsanleitung auftauen lassen
200 g geräucherten Schinken	in kleine Würfel schneiden
1 Zwiebel	abziehen, fein hacken
1 Glas Champignons (200 g)	abgießen, abtropfen lassen
200 g Lauch	putzen, waschen, in 1 cm breite Ringe schneiden
200 g Möhren	putzen, schälen, waschen, in Stifte schneiden
200 g Blumenkohl	von Blättern, schlechten Stellen und dem Strunk befreien, waschen, abtropfen lassen, in Röschen teilen
1 Bund Petersilie	abspülen, trockentupfen, die Blätter von den Stengeln zupfen, fein hacken

2 EL Öl	in einem chinesischen Wok erhitzen, Speck darin goldgelb anbraten, Zwiebelwürfel hinzufügen, glasig dünsten Lauch, Möhren und Blumenkohlröschen dazugeben, gut andünsten, mit
6 EL Weißwein	aufgießen und zugedeckt in etwa 10 Minuten fast gar werden lassen, Champignons hinzufügen, erhitzen, mit
250 ml (1/4 l) Schlagsahne	aufgießen, Petersilie unterheben, mit
Salz, frisch gemahlenem Pfeffer	abschmecken, alles in eine Pie-Form (Ø 28 cm) füllen, die Blätterteigscheiben aufeinanderlegen, etwas größer als die Pie-Form ausrollen die Teigplatte über die Form legen, am Innenrand gut festdrücken
1 Eigelb	mit
2 EL Wasser	verquirlen, den Teigdeckel damit bestreichen, mit der Gabel einige Male einstechen, den Gemüse-Pie auf dem Rost in den Backofen schieben
Ober-/Unterhitze	etwa 200 °C (vorgeheizt)
Heißluft	etwa 180 °C (nicht vorgeheizt)
Gas	etwa Stufe 4 (vorgeheizt)
Backzeit	25 Minuten.

Griechische Schafskäse-Pastete

	Für den Teig
250 g Weizenmehl	in eine Schüssel sieben, mit
150 g Weizen-Vollkornmehl	mischen, in die Mitte eine Vertiefung eindrücken
1 Pck. (42 g) frische Hefe	hineinbröckeln
1 TL Zucker	hinzufügen
1 TL Salz	auf das Mehl geben
200 ml (1/5 l) lauwarmes Wasser	darübergeben, die Hefe darin auflösen, mit etwas Mehl bedecken diesen Teig etwa 10 Minuten an einem warmen Ort gehen lassen
1 Ei	
3 EL Olivenöl	hinzufügen und alles mit einem Handrührgerät mit Knethaken in 5 Minuten zu einem Teig verarbeiten, an einem warmen Ort gehen lassen, bis er sich sichtbar vergrößert hat.

	Für die Füllung
1 kg Spinat	verlesen, dicke Stiele abschneiden, die Blätter waschen, abtropfen lassen
2 Zwiebeln	abziehen, fein würfeln
1 Knoblauchzehe	abziehen, zerdrücken
5 EL Olivenöl	erhitzen, die Zwiebelwürfel darin andünsten, den Spinat und den Knoblauch hinzufügen, kurz mitdünsten, bis der Spinat zusammenfällt, mit
Pfeffer	
geriebener Muskatnuß	würzen
1 Bund Dill	abspülen, trockentupfen, fein hacken
300 g Schafskäse	zerbröckeln
	beide Zutaten mit dem Spinat vermengen
	⅔ des Hefeteiges auf einer bemehlten Arbeitsfläche zu einer runden Platte ausrollen, eine flache gefettete Pie-Form (Ø 26 cm) damit auslegen, den Rand etwa 1 cm überstehen lassen
	den Boden mehrmals mit einer Gabel einstechen, die Spinat-Käse-Masse gleichmäßig daraufgeben, den Rand über die Füllung legen, mit etwas
verschlagenem Eigelb	bestreichen
	den restlichen Teig dünn ausrollen, einen Deckel in Größe der Pie-Form ausschneiden, auf die Pastete legen, die Ränder gut andrücken
	in die Mitte des Deckels mit einem runden Ausstechförmchen (Ø 2 cm) ein Loch ausstechen, den Rand mit einem dünnen Teigröllchen verstärken, aus den Teigresten Blätter formen, die Pastetenoberfläche mit Eigelb bestreichen, mit den Blättern verzieren, ebenfalls bestreichen, die Form auf dem Rost in den Backofen (unterste Schiene) schieben, goldbraun backen
Ober-/Unterhitze	etwa 200 °C (vorgeheizt)
Heißluft	etwa 180 °C (nicht vorgeheizt)
Gas	etwa Stufe 4 (vorgeheizt)
Backzeit	etwa 40 Minuten
	die Pastete lauwarm servieren.

Heilbutt-Pastete

(Foto Seite 57)

	Für den Teig
10 Scheiben (450 g) TK-Blätterteig	nach Packungsanleitung auftauen lassen.
	Für die Füllung
500 g schwarzen Heilbutt	entgräten, enthäuten, unter fließendem kaltem Wasser abspülen, den Fisch in Streifen schneiden, in eine kleine Schüssel geben
2 EL gehackten Dill	
125 ml (1/8 l) Weißwein	darübergeben, zugedeckt 1 Stunde ziehen lassen
500 g Rotbarschfilet	unter fließendem kaltem Wasser abspülen, trockentupfen, in Streifen schneiden
125 ml (1/8 l) Schlagsahne	mit
2½ Eiweiß	verschlagen, über
125 g Weißbrot	geben, durchziehen lassen
1 Zwiebel	abziehen, würfeln
1 EL Butter	zerlassen, die Zwiebelwürfel darin glasig dünsten lassen Rotbarschfiletstreifen, Weißbrot und Zwiebelwürfel durch die feine Scheibe des Fleischwolfes geben
1 EL gehackte Petersilie	mit
1 EL gehacktem Dill	
abgeriebener Schale von 1 Zitrone (unbehandelt)	
1 Becher (150 g) Crème fraîche	unter die Fischmasse rühren, kräftig mit
Salz	
frisch gemahlenem Pfeffer	
geriebener Muskatnuß	würzen
	6 Blätterteigplatten aufeinanderlegen, dünn ausrollen, eine mit Wasser ausgespülte Pie-Form (Ø etwa 28 cm) damit auslegen, überhängende Ränder abschneiden
	die Hälfte der Fischmasse hineingeben, glattstreichen
	die Heilbuttstreifen aus der Marinade nehmen, trockentupfen, mit Salz, Pfeffer würzen, sternförmig auf der Fischmasse anrichten
	die restliche Fischmasse darauf verteilen, den Blätterteigrand über die Füllung klappen, mit etwas von
½ verschlagenem Eiweiß	bestreichen

	den Rest der Blätterteigplatten in der Größe des Formenbodens ausrollen, auf die Füllung legen, den Teig am Rand etwas andrücken die Blätterteigreste übereinanderlegen, ausrollen, aus dem Teig Verzierungen ausstechen, auf der Unterseite mit verschlagenem Eiweiß bestreichen, auf die Teigdecke kleben
½ Eigelb	mit
½ EL Milch	verschlagen, die Teigoberfläche damit bestreichen, die Pastete mehrmals mit einer Gabel einstechen, die Form auf dem Rost in den Backofen schieben
Ober-/Unterhitze	etwa 200 °C (vorgeheizt, unterste Schiene)
Heißluft	etwa 180 °C (nicht vorgeheizt)
Gas	Stufe 3–4 (vorgeheizt)
Backzeit	30 Minuten.

Hühnerfleischpastete

	Für die Füllungen
1 küchenfertiges Suppenhuhn (etwa 1½ kg)	waschen, zusammen mit Herz, aufgeschnittenem, gesäubertem Magen, Hals in
2–2½ l kochendes Salzwasser	geben, zum Kochen bringen, abschäumen
1 Bund Suppengrün	putzen, waschen, in Stücke schneiden, hinzufügen, das Huhn gar kochen lassen, aus der Brühe nehmen, etwas abkühlen lassen das Fleisch von den Knochen lösen, die Haut entfernen, das Fleisch in Stücke schneiden, erkalten lassen die Brühe durch ein Sieb gießen, 300 ml davon abmessen
25 g Butter oder Margarine	zerlassen
25 g Weizenmehl	unter Rühren so lange darin erhitzen, bis es hellgelb ist
300 ml Hühnerbrühe	hinzugießen, mit einem Schneebesen durchschlagen, darauf achten, daß keine Klumpen entstehen, die Sauce zum Kochen bringen, etwa 5 Minuten kochen lassen, mit
Salz, Pfeffer gemahlenem Rosmarin	abschmecken, das Hühnerfleisch unterrühren
75 g durchwachsenen Speck	in Würfel schneiden, auslassen
etwa 250 g Champignons	putzen, waschen, vierteln, zu dem Speck geben, etwa 5 Minuten dünsten lassen, mit Salz, Pfeffer würzen
2 EL gehackte Petersilie	unterrühren, erkalten lassen

200 g Kalbsleberwurst	mit
1 geh. EL Crème fraîche	
2 EL gehackter Petersilie	
1 EL Weinbrand	verrühren, mit Salz, Pfeffer,
gerebeltem Thymian	
gerebeltem Majoran	abschmecken.
	Für den Teig
400 g Weizenmehl	in eine Rührschüssel sieben
1 TL Salz	
knapp 125 ml (1/8 l) kaltes Wasser	
100 g kalte Butter oder Margarine	
100 g Schweineschmalz	hinzufügen, die Zutaten mit dem Handrührgerät mit Knethaken zu einem Teig verarbeiten, anschließend auf der bemehlten Arbeitsfläche nochmals kurz durchkneten, den Teig 30 Minuten kalt stellen knapp die Hälfte des Teiges auf dem umgedrehten Boden einer Springform (Ø etwa 28 cm) ausrollen, den Springformrand darumgeben von dem restlichen Teig 1/3 zu einer Rolle formen, sie als Rand auf den Boden legen, so an die Form drücken, daß ein 2–3 cm hoher Rand entsteht, den Teig mehrmals mit einer Gabel einstechen zuerst die Leberwurstmasse auf dem Teigboden verteilen, dann die Hühnerfleischmasse daraufgeben, mit den Champignons bedecken, den überstehenden Teig über die Füllung klappen, die Teigränder mit
verschlagenem Eiweiß	bestreichen, aus dem restlichen Teig eine Platte in der Größe des Springformbodens ausrollen, mehrere 1–2 cm große Löcher ausstechen, auf die Füllung legen, fest andrücken, aus den Teigresten Figuren schneiden, mit dem verschlagenem Eiweiß bestreichen, die Pastetenoberfläche damit garnieren die Form auf dem Rost in den Backofen schieben
Ober-/Unterhitze	etwa 200 °C (vorgeheizt, unterste Schiene)
Heißluft	etwa 180 °C (nicht vorgeheizt)
Gas	Stufe 3–4 (vorgeheizt)
Backzeit	etwa 50 Minuten
1 Eigelb	mit
1 EL Milch	verschlagen, die Pastete nach etwa 30 Minuten Backzeit damit bestreichen.

Kürbis-Pie

	Für den Teig
250 g Weizenmehl (Type 550)	sieben, mit
1 TL Salz	in eine Schüssel geben
125 g kalte Butter	in Flöckchen dazugeben
5 El kaltes Wasser	dazugeben, mit Handrührgerät mit Knethaken verarbeiten, anschließend auf der bemehlten Arbeitsfläche zu einem Teig verkneten, abgedeckt etwa 30 Minuten ruhen lassen.
	Für den Belag
750 g Kürbisfleisch	in Würfel schneiden, in
250 ml (¼ l) trockenem Apfelwein (Cidre)	in etwa 5 Minuten weichdünsten, anschließend gut abtropfen lassen und im Mixer grob pürieren
2 verschlagene Eier	
1 Becher (150 g) Crème fraîche	
½ TL Cayennepfeffer	
1 TL Currypulver	
Saft von 1 Zitrone	unterrühren
300 g gekochten Schinken	würfeln, unter die Kürbismasse ziehen
	den Teig dünn ausrollen, den Boden und Rand einer flachen, großen Pie-Form (Ø 30 cm) damit auskleiden
	die Kürbismischung hineinfüllen, glattstreichen, mit
3 EL geschälten Kürbiskernen	bestreuen
Ober-/Unterhitze	etwa 200 °C (vorgeheizt, unterste Schiene)
Heißluft	etwa 180 °C (nicht vorgeheizt)
Gas	etwa Stufe 3 (vorgeheizt)
Backzeit	etwa 50 Minuten.
Tip	Das Rezept reicht für 6–8 Personen, wenn die Pie zum Aperitif serviert wird; als Abendessen ist sie ausreichend für 4 Personen.

Wirsing-Möhren-Pastetchen, Rezept Seite 91

Apfel-Pizza, Rezept Seite 95

Champignonpizza, Rezept Seite 101

Pizza „Karnevale", Rezept Seite 109

Käse-Wähe

(Foto Seite 58)

	Für den Teig
200 g Weizenmehl	mit
½ TL Backpulver	mischen, in eine Rührschüssel sieben, in die Mitte eine Vertiefung eindrücken
1 Ei	
Salz	
abgeriebene Schale von	
½ Zitrone (unbehandelt)	hineingeben, mit einem Teil des Mehls zu einem dicken Brei verarbeiten
100 g kalte Butter	in Stücke schneiden, auf den Brei geben, mit Mehl bedecken, von der Mitte aus alle Zutaten schnell zu einem glatten Teig verkneten den Teig etwa 30 Minuten kalt stellen den Teig etwa 3 mm dick ausrollen, eine gefettete Pie-Form (Ø etwa 28 cm) damit auslegen und auf dem Rost in den Backofen schieben
Ober-/Unterhitze	etwa 200 °C (vorgeheizt)
Heißluft	etwa 180 °C (nicht vorgeheizt)
Gas	Stufe 3–4 (vorgeheizt)
Backzeit	etwa 10 Minuten.
	Für die Füllung
1 Becher (150 g)	
Crème fraîche	mit
250 g Speisequark	
2 Eiern	
150 g geriebenem	
Käse	gut verrühren, mit
Salz	
Pfeffer	
Paprika edelsüß	würzen die Masse auf dem vorgebackenen Boden verteilen, glattstreichen die Form auf dem Rost in den Backofen schieben und bei gleicher Temperatur noch 25 Minuten fertig backen.

Kartoffel-Pastete

(Foto Seite 59)

1 Pck. (450 g) TK-Blätterteig	nach Packungsanleitung auftauen lassen
1 kg kleine, festkochende Kartoffeln	gut waschen, in
Wasser	zum Kochen bringen, in 20–25 Minuten gar kochen lassen, Kartoffeln abgießen, abdämpfen, heiß pellen, erkalten lassen, in Scheiben schneiden
250 g durchwachsenen Speck	in Würfel schneiden
	3 Scheiben Blätterteig in der Größe eines Springformbodens (Ø etwa 26 cm) ausrollen, eine Springform damit auslegen, aus 4 Scheiben Blätterteig einen Rand schneiden, den Teig am Springformrand etwa 4 cm hochdrücken Kartoffelscheiben, Speckwürfel
3 EL feingeschnittenen Schnittlauch	
1 EL gehackte Majoranblättchen	abwechselnd auf den Teigboden schichten, dabei die Kartoffelscheiben mit
Salz	
frisch gemahlenem Pfeffer	bestreuen
1 Becher (150 g) Crème fraîche	mit
3 Eiern	
½ Eiweiß	
½ Eigelb	verschlagen, mit Salz, Pfeffer
geriebener Muskatnuß	
Paprika edelsüß	kräftig würzen, über die Zutaten verteilen, den überstehenden Teigrand über die Füllung schlagen, mit
½ verschlagenem Eiweiß	bestreichen, 3 Teigscheiben in der Größe des Springformbodens ausrollen, als Decke auf die Füllung geben, aus den Teigresten Figuren ausstechen, die Unterseite mit dem verschlagenen Eiweiß bestreichen, die Figuren auf die Teigdecke legen
½ Eigelb	mit
1 EL Milch	verschlagen, die Teigdecke damit bestreichen, mehrmals mit einer Gabel einstechen, die Form auf dem Rost in den Backofen schieben

Ober-/Unterhitze	200–220 °C (vorgeheizt, unterste Schiene)
Heißluft	180–200 °C (nicht vorgeheizt)
Gas	Stufe 3–4 (vorgeheizt)
Backzeit	50–60 Minuten.

Lachs-Spargel-Pasteten

200 g Lachsfilet	kurz waschen, trockentupfen, in kleine Würfel schneiden
280 g Spargelstücke (aus der Dose)	abtropfen lassen.
	Für die Sauce
20 g Butter oder Margarine	zerlassen
20 g Weizenmehl	unter Rühren so lange darin erhitzen, bis es hellgelb ist
125 ml (1/8 l) Schlagsahne	
125 ml (1/8 l) Milch	hinzugießen, mit einem Schneebesen durchschlagen, darauf achten, daß keine Klumpen entstehen, zum Kochen bringen, 5 Minuten kochen lassen Lachs- und Spargelstücke hinzufügen, erhitzen und 2–3 Minuten ziehen lassen das Frikassee mit
Pfeffer	
geriebener Muskatnuß	
Zitronensaft	
Zucker	abschmecken, mit
1 Eigelb	legieren, warm stellen von
4 Blätterteigpasteten (fertig gekauft)	Pasteten und Deckel auf ein Backblech legen, im Backofen aufwärmen
Ober-/Unterhitze	200–220 °C (vorgeheizt)
Heißluft	180–200 °C (nicht vorgeheizt)
Gas	Stufe 4–5 (vorgeheizt)
Backzeit	etwa 5 Minuten die Sauce mit Lachs und Spargel in die Pasteten füllen die Deckel darauflegen, die Pasteten mit
Tomatenvierteln	
Petersilie	garnieren.
Getränkevorschlag	Blanc de Blancs Coteaux Champenois.

Leberpastete

1 kg Schweineleber	unter fließendem kaltem Wasser abspülen, trockentupfen, mit
500 g frischem Speck oder fettem Bauchfleisch	durch den Fleischwolf drehen
1 EL Butter	zerlassen
1 Zwiebel	abziehen, würfeln, in der Butter andünsten
etwa 170 g gedünstete Champignons	abtropfen lassen, grob hacken, zu den Zwiebelwürfeln geben, durchdünsten lassen
1 EL gehackte Petersilie	hinzufügen, die Fleischmasse mit den Champignons vermengen, mit
Salz frisch gemahlenem Pfeffer gerebeltem Majoran geriebener Muskatnuß	kräftig würzen, eine Kastenform (Ø 25 cm) fetten, mit
150–200 g dünnen, fetten Speckscheiben	auslegen, die Lebermasse hineingeben, glattstreichen, die Form auf dem Rost in den Backofen schieben
Ober-/Unterhitze	180–200 °C (vorgeheizt)
Heißluft	160–180 °C (nicht vorgeheizt)
Gas	Stufe 3–4 (vorgeheizt)
Backzeit	etwa 1 Stunde
	die Leberpastete erkalten lassen, stürzen, in Scheiben schneiden.
Beigabe	Kräftiges Landbrot, Butter.
Tip	Eine Scheibe Leberpastete auf Feldsalat oder auf einem Salat aus jungen Spinatblättern angerichtet, ist mit Vollkornbrot, Toast und Butter eine delikate Vorspeise.

Mailänder Makkaroni-Pastete

1 Pck. (450 g) TK-Blätterteig	bei Zimmertemperatur abgedeckt auftauen lassen.
	Für die Füllung
200 g Makkaroni	in kleine Stücke brechen, mit
1 EL Speiseöl	in
2–3 l kochendes Salzwasser	geben, nach Packungsanleitung kochen die Makkaroni auf ein Sieb geben, mit kaltem Wasser übergießen, abtropfen lassen
60 g weiche Butter	geschmeidig rühren
2½ Eigelb	mit
40 g geriebenem altem Gouda	unterrühren, mit
Salz, frisch gemahlenem Pfeffer geriebener Muskatnuß	würzen, mit den Makkaroni vermengen
3 Eiweiß	steif schlagen, unterheben 4 Blätterteigplatten aufeinanderlegen, zu einer runden Platte (Ø etwa 30 cm) ausrollen, den Teig auf den umgedrehten Boden einer Springform (Ø etwa 26 cm) legen, den Springformrand darum geben, 4 Teigplatten halbieren, sie als Rand herumlegen, gut andrücken
200 g gekochten Schinken	in Würfel schneiden, die Hälfte davon auf dem Teigboden verteilen die Hälfte der Makkaronimasse daraufgeben, den übrigen Schinken darübergeben, mit der restlichen Makkaronimasse bedecken, den Teigrand nach innen auf die Füllung umklappen, mit Wasser bestreichen den Rest der Teigplatten in der Größe des Springformbodens ausrollen, mehrere 1–2 cm große Löcher ausstechen und auf die Füllung legen
½ Eigelb	mit
1 EL Milch	verschlagen, die Pastetenoberfläche damit bestreichen, die Form auf dem Rost in den Backofen stellen
Ober-/Unterhitze	200–220 °C (vorgeheizt)
Heißluft	180–200 °C (nicht vorgeheizt)
Gas	Stufe 4–5 (vorgeheizt)
Backzeit	etwa 45 Minuten.

Pasteten mit Pilzfüllung

(5 Stück, Foto Seite 60)

1 Pck. (300 g) TK-Blätterteig	auftauen lassen, jede Platte halbieren, 5 Platten so ausschneiden, daß ein 1 cm breiter Rand stehenbleibt, Mittelstück als Deckel verwenden, Böden und Deckel auf ein mit Wasser abgespültes Backblech legen, Teigränder auf die Böden legen
1 Eigelb	mit
1 EL Milch	verschlagen, Teigränder und Deckel damit bestreichen, Teigböden mehrmals mit einer Gabel einstechen, das Backblech in den Backofen schieben
Ober-/Unterhitze	200–220 °C (vorgeheizt)
Heißluft	180–200 °C (nicht vorgeheizt)
Gas	Stufe 4–5 (vorgeheizt)
Backzeit	etwa 20 Minuten (Deckel etwas eher herausnehmen)
350 g Champignons	putzen, waschen, in Scheiben schneiden, in
1–2 EL Butter	andünsten
150 g Gemüsemais (aus der Dose)	abtropfen lassen, zusammen mit
100 g gekochten Schinkenwürfeln	
2 EL Rotwein	
1 EL gehackter Petersilie	zu den Pilzen geben, mit
Salz	und
Pfeffer	abschmecken, noch heiß in die Pasteten füllen, sofort servieren.
Tip	Blätterteigpasteten fertig kaufen, nach Packungsanleitung aufbacken und füllen.

Sauerkraut-Pie

	Für den Teig
225 g Weizenmehl	mit
150 g Roggenschrot	
1 Pck. Trockenhefe	sorgfältig vermischen
1 gestr. TL Salz	
1 gestr. TL Zucker	
½ TL Kümmel	
250 ml (¼ l) lauwarme Buttermilch	
2 EL Trockensauerteig	hinzufügen, alle Zutaten mit den Knethaken des Handrührgeräts zuerst auf der niedrigsten, dann auf der höchsten Stufe in etwa 5 Minuten zu einem glatten Teig verkneten, den Teig abgedeckt an einem warmen Ort so lange gehen lassen, bis er sich sichtbar vergrößert hat.
	Für die Füllung
3 Zwiebeln	abziehen, fein würfeln, in
3 EL Walnußöl	andünsten
300 g Äpfel (Boskop)	schälen, vierteln, entkernen, in Würfel schneiden, dazugeben, ebenfalls kurz dünsten
600 g Sauerkraut	
2 EL Zucker	
Salz	
frisch gemahlenen Pfeffer	
1 TL Wacholderbeeren	hinzufügen, vermengen, abkühlen lassen
	½ des Teiges ausrollen, eine Pie-Form (Ø 30 cm) damit auslegen, Sauerkraut einfüllen, überstehenden Teig nach innen klappen, aus dem restlichen Teig eine passend große Deckplatte ausrollen, diese auflegen, etwas an den Rändern andrücken, in der Mitte einen Kamin ausstechen, falls noch Teig übrigbleibt, daraus Verzierungen ausstechen und die Pie-Oberfläche damit dekorieren, auf dem Rost in den Backofen schieben
Ober-/Unterhitze	180–200 °C (vorgeheizt, unterste Schiene)
Heißluft	160–180 °C (nicht vorgeheizt)
Gas	Stufe 3–4 (vorgeheizt)
Backzeit	etwa 50 Minuten.

Schweinefilet-Pastete

	Für den Teig
300 g Weizenmehl	in eine Rührschüssel sieben
1 Ei	
½ Eigelb, ½ Eiweiß, Salz	
1 EL kaltes Wasser	
100 g Schweineschmalz	hinzufügen, mit Handrührgerät mit Knethaken zunächst auf niedrigster, dann auf höchster Stufe verarbeiten, anschließend auf einer bemehlten Arbeitsfläche zu einem glatten Teig verkneten, den Teig zu einer Rolle formen, 1–2 Stunden kalt stellen.
	Für die Füllung
500 g Schweinefilet	unter kaltem Wasser abspülen, trockentupfen, evtl. enthäuten
2 EL Speiseöl	erhitzen, Filet von allen Seiten darin anbraten (insgesamt etwa 5 Minuten), mit
Salz, Pfeffer	
gerebeltem Majoran	würzen, erkalten lassen
2 Zwiebeln	abziehen, würfeln
125 g durchwachsenen Speck	würfeln, beide Zutaten im Bratfett dünsten, abkühlen lassen
1 Brötchen	einweichen, gut ausdrücken, mit
750 g Thüringer Mett	
2 Eiern	
½ Becher Crème fraîche	
1 TL Pastetengewürz	
2 EL Pistazienkernen	
3 EL Madeira	zu der Speck-Zwiebel-Masse geben, gut verkneten, mit
Salz, Pfeffer	würzen
	knapp ¾ des Teiges in der Größe einer Kastenform (30 x 11 cm) ausrollen, die gefettete Form damit auslegen, den Teig an den Kanten und Ecken gut zusammendrücken, die Hälfte der Fleischmasse hineingeben, glattstreichen
	das angebratene Schweinefilet mit
125 g durchwachsenem Speck	umwickeln, auf die Fleischmasse legen (in die Mitte), die restliche Fleischmasse daraufgeben, glattstreichen, den überstehenden Teig über die Füllung schlagen, die Teigränder mit

½ Eiweiß	bestreichen, aus dem restlichen Teig eine Decke in Größe der Kastenform-Oberfläche ausrollen, auf die Füllung legen, fest andrücken in der Mitte der Pastetenoberfläche 2–3 Löcher einstechen, damit beim Backen der Dampf entweichen kann aus den Teigresten Figuren ausstechen oder ausschneiden, mit verschlagenem Eiweiß bestreichen, auf die Pastetenoberfläche kleben, die Form auf dem Rost in den Backofen schieben
Ober-/Unterhitze	etwa 180 °C (vorgeheizt)
Heißluft	etwa 160 °C (nicht vorgeheizt)
Gas	Stufe 3–4
Backzeit	etwa 1 Stunde
½ Eigelb	mit
½ EL kalter Milch	verschlagen, nach 40 Minuten Backzeit die Pastetenoberfläche damit bestreichen.

Schweizer Käse-Wähe

375 ml (⅜ l) Milch	mit
60 g Butter	zum Kochen bringen, vom Herd nehmen
170 g Weizenmehl	sieben, in die Flüssigkeit geben, zu einer glatten Masse rühren, noch etwa 1 Minute erhitzen
5 Eigelb	mit dem Handrührgerät mit Knethaken nach und nach unterrühren
150 g geriebenen Schweizer Käse	
150 g geriebenen Parmesan-Käse	unterrühren
5 Eiweiß	steif schlagen, unter die Masse rühren
225 g (5 Platten) TK-Blätterteig	nach Packungsanleitung auftauen lassen, die Teigplatten übereinander legen und in der Größe einer Pie-Form (Ø 26 cm) ausrollen die Pie-Form mit kaltem Wasser ausspülen, den Teig hineinlegen, die Ränder hochdrücken, die Käse-Masse darauf verteilen, glattstreichen, die Form auf dem Rost in den Backofen schieben
Ober-/Unterhitze	180–200 °C (vorgeheizt)
Heißluft	160–180 °C (nicht vorgeheizt)
Gas	Stufe 3–4 (vorgeheizt)
Backzeit	etwa 35 Minuten.

Spinatwähe

	Für den Teig
250 g Weizenmehl	in eine Rührschüssel sieben
150 g kalte Butter	in Stücke schneiden
2 EL Crème fraîche	
Salz	hinzufügen, mit Handrührgerät mit Knethaken zunächst auf niedrigster, dann auf höchster Stufe verarbeiten, anschließend auf einer bemehlten Arbeitsfläche zu einem glatten Teig verkneten, den Teig in Folie gewickelt 30 Minuten in den Kühlschrank legen.
	Für den Belag
50 g durchwachsenen Speck	in Streifen schneiden
2 Zwiebeln	abziehen, würfeln
1–2 EL Butter	zerlassen, Speckstreifen, Zwiebelwürfel darin andünsten
600 g (1 Packung) TK-Rahmspinat	unaufgetaut hinzugeben, unter öfterem Umrühren in etwa 15 Minuten garen, abkühlen lassen, mit
Salz, Pfeffer	und
gemahlenem Muskat	abschmecken ⅔ des Teiges auf dem gefetteten Boden einer Springform (Ø etwa 26 cm) dünn ausrollen, den Springformrand herumstellen und auf dem Rost in den Backofen stellen
Ober-/Unterhitze	etwa 200 °C (vorgeheizt)
Heißluft	etwa 180 °C (nicht vorgeheizt)
Gas	Stufe 3–4 (vorgeheizt)
Backzeit	etwa 10 Minuten aus dem Rest des Teiges eine Rolle formen und auf den vorgebackenen Boden legen, einen Rand von etwa 2 cm hochdrücken, mit
5 Scheiben gekochtem Schinken	belegen, darauf die Spinatmasse verteilen, nochmals auf dem Rost im Backofen bei gleicher Temperatur etwa 40 Minuten backen nach Beendigung der Backzeit die Wähe etwa 10 Minuten ruhen lassen.

Wirsing-Möhren-Pastetchen

(Foto Seite 77)

	Für den Teig
250 g Dinkelmehl	in eine Rührschüssel sieben
100 g Crème fraîche	
150 g Butter	
etwas Salz, 1 Ei	hinzufügen, die Zutaten mit dem Handrührgerät mit Knethaken zunächst kurz auf niedrigster, dann auf höchster Stufe gut durcharbeiten, anschließend auf der Arbeitsfläche zu einem glatten Teig verkneten und abgedeckt 30 Minuten kühl stellen.
	Für die Füllung
250 g geputzten Wirsing	hobeln
2 große, geschälte Möhren	grob raspeln
1 Zwiebel	abziehen, fein hacken, in
2 EL Olivenöl	glasig dünsten, Möhren und Wirsing dazugeben, alles gut verrühren und etwa 10 Minuten dünsten lassen, mit
Salz, weißem Pfeffer	
evtl. etwas Knoblauch	abschmecken, etwas abkühlen lassen
1 Ei	
50 g Crème fraîche	
80 g geriebenen Emmentaler	hinzufügen, alles gut vermischen
	den Teig ausrollen und Vierecke (15 x 15 cm) ausschneiden, je 1 Eßlöffel Gemüsefüllung auf die Teigplatten geben, die Ränder mit
Wasser	bestreichen und zu Dreiecken zusammenklappen Ränder fest andrücken
1 Eigelb	mit
1 EL Wasser	verquirlen, die Ränder damit bestreichen, die Pasteten auf ein mit Backpapier belegtes Backblech legen, in den Backofen schieben
Ober-/Unterhitze	etwa 180 °C (vorgeheizt)
Heißluft	etwa 160 °C (nicht vorgeheizt)
Gas	Stufe 3–4 (vorgeheizt)
Backzeit	15–20 Minuten
	auf einem Rost abkühlen lassen.
Tip	Pastetchen schmecken lauwarm am besten, mit Tomatensalat servieren.

Zucchini-Tomaten geschichtet in Marinade

2 Zucchini (etwa 300 g)	waschen, Enden abschneiden, Zucchini längs halbieren
3 Tomaten (etwa 300 g)	waschen, Stengelansatz entfernen, Tomaten halbieren, beide Zutaten mit
Salz	bestreuen, mit
4 EL Olivenöl	beträufeln, mit der Schnittfläche nach oben auf ein mit
Olivenöl	bestrichenes Backblech legen, in den Backofen schieben
Ober-/Unterhitze	etwa 180 °C (vorgeheizt)
Heißluft	etwa 160 °C (nicht vorgeheizt)
Gas	etwa Stufe 3 (vorgeheizt)
Backzeit	etwa 30 Minuten.
	Für die Marinade
50 g Schafskäse	zerbröseln, mit
6 EL Olivenöl	
1 abgezogenen, zerdrückten Knoblauchzehe	cremig rühren
10 grüne Oliven, mit Paprika gefüllt	in dünne Scheiben schneiden
	in eine kleine, hohe Form die noch warmen Zucchinihälften legen, $\frac{1}{3}$ der Marinade und der Oliven darauf geben, die noch warmen Tomatenhälften, Marinade und Oliven, dann Zucchini, Marinade mit Oliven und zum Schluß Tomatenhälften mit ihrer Rundung nach oben einschichten, fest aufeinanderdrücken
	lauwarm oder gut gekühlt reichen.
	Die Pastete ist etwa eine Woche im Kühlschrank haltbar.

Pizzen

Apfel-Pizza

(Foto Seite 78)

	Für den Teig
150 g Weizenmehl	in eine Rührschüssel sieben, mit
1 Pck. Trockenhefe	sorgfältig vermischen
½ TL Zucker	
gut ½ TL Salz	
knapp 125 ml (⅛ l) lauwarmes Wasser	
1 EL Weinbrand	hinzufügen, die Zutaten mit Handrührgerät mit Knethaken zunächst auf niedrigster, dann auf höchster Stufe in etwa 3 Minuten zu einem Teig verarbeiten den Teig zugedeckt so lange an einem warmen Ort stehenlassen, bis er sich sichtbar vergrößert hat
1 Pck. (320 g) Tomatenstückchen	in
2 EL Speiseöl	andünsten, mit
Salz, Pfeffer, ¼ TL getrocknetem Thymian	
¼ TL Oregano	
1 abgezogenen, gepreßten Knoblauchzehe	würzen, etwas einkochen lassen den Teig leicht mit Mehl bestäuben, aus der Schüssel nehmen, auf der Arbeitsfläche nochmals kurz durchkneten, auf einem gefetteten Backblech rund ausrollen (in der Größe des Blechs) die Tomatenmasse daraufstreichen
250 g gekochten Schinken	in Streifen schneiden
2 mittelgroße herb-säuerliche Äpfel	schälen, Kerngehäuse entfernen, in Ringe schneiden
2 Tomaten	putzen, waschen, Stengelansätze entfernen, Tomaten in Scheiben schneiden die Zutaten auf dem Teig verteilen, mit
Salz, Pfeffer, Oregano	würzen
1 Ei	mit
100 g geriebenem Emmentaler	verquirlen, über die belegte Pizza geben, auf dem Blech in den Backofen schieben
Ober-/Unterhitze	etwa 200 °C (vorgeheizt)
Heißluft	etwa 180 °C (nicht vorgeheizt)
Gas	etwa Stufe 4 (vorgeheizt)
Backzeit	20–25 Minuten.

Drei-Pilze-Pizza

	Für den Hefeteig
250 g Weizenmehl	in eine Rührschüssel sieben, mit
½ TL Salz	mischen, eine Vertiefung eindrücken
20 g frische Hefe	hineinbröckeln
125 ml (⅛ l) lauwarmes Wasser	
½ TL Olivenöl	darüber geben, die Hefe darin auflösen, mit Mehl bedecken, etwa 10 Minuten an einem warmen Ort gehen lassen danach die Zutaten von der Mitte aus mit den Händen zu einem lockeren, glatten Teig verkneten, zu einer Kugel formen, mit etwas
Weizenmehl	bestäuben, zugedeckt an einem warmen Ort gehen lassen, bis er sich sichtbar vergrößert hat.
	Für den Belag
je 200 g Pfifferlinge, Steinpilze und Champignons	putzen, waschen, kleinschneiden
4 Schalotten	abziehen, fein würfeln
100 g Butter	zerlassen, Zwiebelwürfel darin andünsten, Pilze hinzufügen, mitdünsten lassen, bis die Flüssigkeit verdampft ist (evtl. in mehreren Portionen)
1 Knoblauchzehe	abziehen, zerdrücken, mit
3 EL feingeschnittenem Schnittlauch	
3 EL gehackter Petersilie	zu den Pilzen geben, mit
Salz	
Pfeffer	würzen den Pizzateig auf einem gefetteten Backblech zu einer runden Platte (Ø 28 cm) ausrollen, den Belag gleichmäßig darauf verteilen
400 g geriebenem Gruyèrekäse	darüberstreuen, die Pizza in den Backofen schieben
Ober-/Unterhitze	200–220 °C (vorgeheizt)
Heißluft	180–200 °C (nicht vorgeheizt)
Gas	Stufe 4–5 (vorgeheizt)
Backzeit	etwa 20 Minuten.

Mini-Pizzen, Rezept Seite 107

Apfel-Kürbis-Tarte, Rezept Seite 123

Pizza-Rolle American Style, Rezept Seite 110

Spinatpizza, Rezept Seite 113

Champignonpizza

(Foto Seite 79)

	Für den Teig
300 g Weizenmehl	in eine Schüssel sieben
1 Pck. Trockenhefe	
½ TL Zucker, ½ TL Salz	
knapp 200 ml lauwarmes Wasser	
2 EL Olivenöl	hinzufügen
	die Zutaten mit Handrührgerät mit Knethaken zunächst auf niedrigster, dann auf höchster Stufe in etwa 5 Minuten zu einem Teig verarbeiten
	den Teig abgedeckt so lange an einem warmen Ort gehen lassen, bis er sich sichtbar vergrößert hat.
	Für den Belag
2 Zwiebeln	
1 Knoblauchzehe	abziehen, fein würfeln
2 EL Olivenöl	erhitzen, Zwiebel- und Knoblauchwürfel darin andünsten
800 g geschälte Tomaten (aus der Dose)	hinzufügen, etwas zerdrücken, mit
Salz	
frisch gemahlenem Pfeffer	abschmecken, die Sauce etwas einkochen lassen
600 g Creme-Champignons	putzen, mit Küchenpapier abreiben, evtl. abspülen, in Scheiben schneiden
6 EL Olivenöl	in einer Pfanne erhitzen, die Champignonscheiben darin andünsten, mit Salz, Pfeffer würzen
100 g durchwachsenen Speck	in Streifen schneiden
	den Teig aus der Schüssel nehmen, auf der Arbeitsfläche nochmals gut durchkneten, 4 runde Pizzen ausrollen, auf ein gefettetes Backblech legen, die Tomatensauce auf den Teig geben, mit
gerebeltem Oregano	bestreuen, die Champignons und den Speck darauf verteilen, in den Backofen schieben (Pizzen evtl. nacheinander backen, dabei die anderen kalt stellen)
Ober-/Unterhitze	etwa 200 °C (vorgeheizt)
Heißluft	etwa 180 °C (nicht vorgeheizt)
Gas	Stufe 3–4 (vorgeheizt)
Backzeit	15–20 Minuten.

Delikateß-Pizza

	Für den Hefeteig
400 g Weizenvollkornmehl	in eine Schüssel geben, mit
1 Pck. Trockenhefe	sorgfältig mischen
1 TL Meersalz	
6 EL Speiseöl	
125 ml (1/8 l) lauwarme Milch	
125 ml (1/8 l) lauwarmes Wasser	hinzufügen
	die Zutaten mit einem Handrührgerät mit Knethaken zunächst auf niedrigster, dann auf höchster Stufe in etwa 5 Minuten zu einem Teig verarbeiten
	den Teig so lange an einem warmen Ort stehenlassen, bis er sich sichtbar vergrößert hat.
	Für den Belag
3 EL Speiseöl	in einem Topf erhitzen
2 Zwiebeln	abziehen, würfeln, im Öl glasig dünsten, kalt stellen
500 g Champignonscheiben (aus der Dose)	
2 rote Paprikaschoten	entstielen, entkernen, waschen, in feine Streifen schneiden
200 g blaue Weintrauben	waschen, halbieren, entkernen
500 g Gouda Käse	in kleine Würfel schneiden
	den Teig nochmals gut durchkneten, auf einem gefetteten Backblech ausrollen, mit den Zutaten der Reihenfolge nach belegen
	den Teig nochmals an einem warmen Ort stehen lassen, bis er sich sichtbar vergrößert hat
	vor den Teig einen mehrfach umgeknickten Streifen Alufolie legen.
	Für den Guß
1 Becher (150 g) saure Sahne	
1/4 TL Meersalz	
Pfeffer	
Paprikapulver	mit
2 Eiern	verschlagen

2 EL geraffelten Käse	
1 Bund Petersilie	darunterrühren, über die Zutaten gießen
	das Backblech in den Backofen schieben
Ober-/Unterhitze	180–200 °C (vorgeheizt)
Heißluft	160–180 °C (nicht vorgeheizt)
Gas	Stufe 3–4 (vorgeheizt)
Backzeit:	20–30 Minuten.

Geflügelpizza

	Für den Teig
300 g Weizenmehl	in eine Schüssel sieben
1 Pck. Trockenhefe	
4 EL Speiseöl	
1 gestr. TL Salz	
Zucker	
knapp 125 ml (⅛ l)	
lauwarme Milch	hinzufügen, mit einem Handrührgerät mit Knethaken zunächst auf der niedrigsten, dann auf der höchsten Stufe in etwa 5 Minuten zu einem Teig verarbeiten) den Teig an einem warmen Ort so lange gehen lassen, bis er sich sichtbar vergrößert hat.
	Für den Belag
3 Stangen Staudensellerie (etwa 200 g)	
1 Stange Lauch (Porree) (etwa 200 g)	putzen, waschen, von der Staudensellerie die harten Außenfäden abziehen, beides in Scheiben schneiden
1 rote Paprikaschote (etwa 200 g)	halbieren, entstielen, entkernen, die weißen Scheidewände entfernen, die Schote waschen, in dünne Streifen schneiden
1 Zwiebel	
1 Knoblauchzehe	abziehen, fein würfeln
3 EL Speiseöl	erhitzen, das Gemüse, Zwiebel- und Knoblauchwürfel etwa 5 Minuten darin dünsten, mit
Salz	
frisch gemahlenem Pfeffer	
Kräutern der Provence	würzen, abkühlen lassen
500 g Hähnchenbrustfilet	waschen, abtrocknen, in dünne Streifen schneiden

2 EL Speiseöl	erhitzen, die Fleischstreifen unter Wenden darin etwa 3 Minuten braten lassen, mit Salz und Pfeffer bestreuen
2 EL Sojasauce	darübergeben, gut verrühren, abkühlen lassen
	den Teig auf der bemehlten Arbeitsfläche nochmals kurz durchkneten und auf einem gefetteten Backblech ausrollen, mit
1 EL Tomatenmark	bestreichen, das Gemüse daraufgeben
2 Tomaten	waschen, in Scheiben schneiden, darauf verteilen
	die Fleischstreifen darübergeben
100–150 g mittelalten Gouda	raspeln, über den Belag streuen, mit Kräutern der Provence bestreuen, mit
Olivenöl	beträufeln, in den Backofen schieben
Ober-/Unterhitze	200–220 °C (vorgeheizt)
Heißluft	180–200 °C (nicht vorgeheizt)
Gas	Stufe 4–5 (vorgeheizt)
Backzeit	etwa 25 Minuten.

Grüne Riesenpizza

	Für den Teig
150 g Magerquark	mit
6 EL Olivenöl	
1 Ei	
1 TL gerebeltem Oregano	
200 g Weizenvollkornmehl	
50 g Maismehl	
Meersalz, 1 EL Wasser	in eine Rührschüssel geben, mit Handrührgerät mit Knethaken zu einem Teig verarbeiten.
	Für den Belag
300 g Brokkoli	putzen, in Röschen teilen, waschen und in
kochendem Salzwasser	etwa 2 Minuten blanchieren, mit einem Schaumlöffel herausheben, kurz in kaltes Wasser tauchen, abtropfen lassen
200 g Zuckererbsen	waschen, abtropfen lassen, die Enden abschneiden, dabei evtl. vorhandene Fäden abziehen, von
1–2 Bund kleinen Frühlingszwiebeln	Wurzeln und welke Blätter abschneiden, waschen, der Länge nach halbieren
200 g Zucchini	waschen, trockentupfen, die Enden abschneiden, die Zucchini in Scheiben schneiden

1 Bund Petersilie	unter fließendem kaltem Wasser abspülen, trockentupfen, die Blättchen von den Stengeln zupfen, mit
4 EL saurer Sahne	mit dem Pürierstab des Handrührgeräts pürieren den Teig auf einem gefetteten Backblech ausrollen, mit der Petersiliensahne bestreichen, je ein Viertel mit einer der Gemüsesorten belegen
300 g Mozzarella	in Würfel schneiden, auf die Pizza streuen, das Blech in den Backofen schieben
Ober-/Unterhitze	etwa 180 °C (vorgeheizt)
Heißluft	etwa 160 °C (nicht vorgeheizt)
Gas	etwa Stufe 3 (vorgeheizt)
Backzeit	25–30 Minuten.

Klassische Pizza

	Für den Teig
300 g Weizenmehl	in eine Rührschüssel sieben, mit
1 Pck. Trockenhefe	sorgfältig vermischen
½ TL Zucker	
½ TL Salz, 4 EL Speiseöl	
150 ml lauwarmes Wasser	hinzufügen, die Zutaten mit Handrührgerät mit Knethaken zunächst auf niedrigster, dann auf höchster Stufe in etwa 5 Minuten zu einem Teig verarbeiten, den Teig zugedeckt so lange an einem warmen Ort stehenlassen (etwa 20 Minuten), bis er sich sichtbar vergrößert hat, den gegangenen Teig mit
Weizenmehl	bestäuben, kurz durchkneten, den Teig auf einem gefetteten Backblech ausrollen.
	Für den Belag
250 g Zwiebeln	abziehen, in Würfel schneiden, in
3 EL Speiseöl	andünsten
4 EL Tomatenmark	unterrühren
500 g Tomaten	kurze Zeit in kochendes Wasser legen, in kaltem Wasser abschrecken, enthäuten, in Scheiben schneiden die Zwiebelmasse auf den Teig streichen, Tomaten und
200 g gedünstete Champignonscheiben	
200 g Salamischeiben oder Kochschinken	
275 g Gouda-Käse-Scheiben	darauf verteilen, nach Belieben

3–4 Peperoni	
(aus dem Glas)	dazugeben, die Pizza mit
Pfeffer	
gerebeltem Oregano	bestreuen, einen mehrfach geknickten Streifen Alufolie vor den Teig legen, den Teig nochmals an einem warmen Ort gehen lassen, in den Backofen schieben
Ober-/Unterhitze	180–200°C (vorgeheizt)
Heißluft	160–180 °C (nicht vorgeheizt)
Gas	Stufe 3–4 (vorgeheizt)
Backzeit	20–30 Minuten.

Kleine Sardellen- und Krabbenpizzen

	Für den Teig
300 g Weizenmehl	in eine Rührschüssel sieben
1 Pck. Trockenhefe	
1 gestr. TL Salz	
4 EL Olivenöl,	
gut 125 ml ($\frac{1}{8}$ l)	
lauwarme Milch	hinzufügen, mit Handrührgerät mit Knethaken in 5 Minuten zu einem Teig verarbeiten, anschließend auf der bemehlten Arbeitsfläche nochmals kurz durchkneten, zugedeckt so lange an einem warmen Ort gehenlassen, bis sich der Teig sichtbar vergrößert hat nochmals kurz durchkneten, eine lange Rolle formen und in 12 gleich große Stücke schneiden und zu etwa 3 mm dicken Fladen ausrollen, den Rand etwas dicker lassen, und auf gefettete Backbleche legen.
	Für die Sardellenpizza
8 Tomaten	waschen, abtrocknent
400 g Edamer	in Scheiben schneiden
18 schwarze Oliven	entkernen
6 Sardellenfilets	wässern
	6 Pizzen zuerst mit Tomaten, den Käsescheiben, den Oliven und Sardellenfilets belegen, mit
1 TL gerebeltem Thymian	würzen mit etwas
Olivenöl	beträufeln.
	Für die Krabbenpizza
	die restlichen 6 Pizzen mit
300 g geschälten	
Krabben	belegen

1 Ei	mit
2 EL Crème double	verrühren, auf den Pizzen verteilen, mit
Salz, frisch gemahlenem	
weißem Pfeffer	würzen
3 EL gehackte Petersilie	darüberstreuen, mit etwas
Olivenöl	beträufeln, die Bleche nacheinander in den Backofen schieben
Ober-/Unterhitze	etwa 220 °C (vorgeheizt)
Heißluft	etwa 200 °C (nicht vorgeheizt)
Gas	etwa Stufe 5 (vorgeheizt)
Backzeit	etwa 15 Minuten heiß servieren.

Mini-Pizzen

(Foto Seite 97)

400 g geschälte Tomaten	
(aus der Dose)	passieren, etwas einkochen lassen, Sauce mit
Salz	
frisch gemahlenem Pfeffer	
Oregano	abschmecken, abkühlen lassen.
	Für den Quark-Ölteig
250 g Weizenmehl	mit
1 Pck. Backpulver	mischen, in eine Rührschüssel sieben
125 g Speisequark	
50 ml Milch	
50 ml Speiseöl	
1 Ei	
½ gestr. TL Salz	hinzufügen und mit Handrührgerät mit Knethaken auf höchster Stufe in etwa 1 Minute zu einem Teig verarbeiten (nicht zu lange, Teig klebt sonst) den Teig auf der bemehlten Arbeitsfläche zu einer Rolle formen, den Teig dünn ausrollen 8 Platten (Ø 14 cm) ausstechen, auf mit Backpapier belegte Backbleche legen, mit der Sauce bestreichen
75 g rohe Schinken-	
scheiben	vierteln
100 g frische Champignons	putzen, abreiben, in Scheiben schneiden
100 g Thunfisch	
(aus der Dose)	
100 g frische Krabben	die Teigplatten mit den Zutaten belegen, mit

200 g geraspeltem Käse (z. B. Gouda)	bestreuen, die Backbleche nacheinander in den Backofen schieben
Ober-/Unterhitze	180–200 °C (vorgeheizt)
Heißluft	160–180 °C (nicht vorgeheizt)
Gas	Stufe 3–4 (vorgeheizt)
Backzeit	etwa 20 Minuten.

Mini-Pizza »Für jeden etwas«

	Für den Teig
250 g Weizenmehl	mit
150 ml lauwarmem Wasser	
1 Pck. Trockenhefe	
2 EL Olivenöl	
1 TL Salz	
½ TL Zucker	in eine Rührschüssel geben, mit Handrührgerät mit Knethaken in 5 Minuten zu einem Teig verarbeiten, an einem warmen Ort gehen lassen, bis er sich sichtbar vergrößert hat in 6 gleich große Stücke schneiden, zu 6 Kugeln formen, daraus Teigplatten (Ø 12 cm) ausrollen, auf mit Backpapier belegte Backbleche legen und mit
6 EL Tomatenketchup	bestreichen, mit
Oregano	bestreuen
50 g Salamischeiben	kleinschneiden
1 kleine Zwiebel	abziehen, in Ringe schneiden, in
2 EL Rotwein	glasig dünsten, mit
50 g Champignonscheiben	
40 g grüne Paprikastreifen	
30 g Tomatenscheiben	mischen, mit
Basilikum	und
Rosmarin	würzen, auf 2 Teigplatten verteilen, mit
30 g geraspeltem Emmentaler	bestreuen
30 g Tomatenscheiben	
50 g Artischockenherzen	
50 g Krabbenfleisch	mischen, mit
Thymian	und
Oregano	würzen, auf 2 Teigplatten verteilen, mit

30 g geraspeltem Emmentaler	bestreuen
100 g Thunfisch	
50 g Champignonscheiben	
40 g grüne Paprikastreifen	
30 g Tomatenscheiben	mischen, mit
1 TL gehacktem Majoran	würzen, auf 2 Teigplatten verteilen, mit
30 g geraspeltem Emmentaler	bestreuen, Backbleche nacheinander in den Backofen schieben
Ober-/Unterhitze	200–220 °C (vorgeheizt)
Heißluft	180–200 °C (nicht vorgeheizt)
Gas	Stufe 4–5 (vorgeheizt)
Backzeit	etwa 15 Minuten.

Pizza »Karnevale«

(Foto Seite 80)

	Für den Teig
300 g Weizenmehl	in eine Rührschüssel sieben, in die Mitte eine Vertiefung drücken
20 g frische Hefe	hineinbröckeln, etwas von
150 ml lauwarmem Wasser	und
½ TL Zucker	hinzufügen, die Hefe sorgfältig verrühren, etwa 10 Minuten gehen lassen, den Rest des Wassers,
1 gestr. TL Salz	
4 EL Olivenöl	hinzufügen, mit Handrührgerät mit Knethaken zunächst auf niedrigster, dann auf höchster Stufe zu einem Teig verarbeiten, den Teig an einem warmen Ort gehen lassen, bis er sich sichtbar vergrößert hat den Teig mit etwas Mehl bestäuben, aus der Schüssel nehmen, auf dem Boden einer Springform (Ø 26 cm) ausrollen, am Rand der Form gleichmäßig etwa 1½ cm hochziehen, andrücken und mit
1 Pck. Tomatenpüree mit Kräutern (370 g)	bestreichen
200 g Champignons	in Scheiben schneiden
125 g Tomaten-Paprika-Schnitzel	abtropfen lassen
100 g durchwachsenen Speck	

175 g Schweizer Käse	in Würfel oder Scheiben schneiden, alle Zutaten mischen, mit
Salz, Pfeffer	
Paprika edelsüß	bestreuen und gleichmäßig auf dem Teigboden verteilen, die Pizza mit
Oregano	bestreuen, mit
1 EL Olivenöl	bepinseln und mit
25 Perlzwiebeln (Glas)	und
12 gefüllten, grünen	
Oliven	garnieren, die Pizza nochmals an einem warmen Ort gehen lassen, bis sie sich sichtbar vergrößert hat, Springform auf dem Rost in den Backofen schieben
Ober-/Unterhitze	200–220 °C (vorgeheizt, unterste Schiene)
Heißluft	180–200 °C (nicht vorgeheizt)
Gas	Stufe 4–5 (vorgeheizt)
Backzeit	etwa 30 Minuten.

Pizza-Rolle American Style

(Foto Seite 99)

	Für den Teig
250 g Weizenmehl	mit
1 Pck. Backpulver	mischen, in eine Rührschüssel sieben
125 g Magerquark	
50 ml Milch	
50 ml Soja-Öl	
1 Ei	
½ gestr. TL Salz	hinzufügen, die Zutaten mit einem Handrührgerät mit Knethaken auf höchster Stufe in etwa 1 Minute zu einem Teig verarbeiten (nicht zu lange, Teig klebt sonst) anschließend auf der bemehlten Arbeitsfläche zu einer Rolle formen.
	Für die Füllung
300 g Brokkoliröschen	in
Salzwasser	3 Minuten blanchieren
1 Stange Lauch (Porree)	putzen, halbieren, waschen, in Streifen schneiden, in Salzwasser 1 Minute kochen beides abgießen, kurz in kaltes Wasser geben und gut abtropfen lassen
100 g gekochten Schinken	in Würfel schneiden
200 g Kirschtomaten	waschen, die Stengelansätze entfernen, die Tomaten halbieren

1 kleine Dose Mais (Abtropfgewicht 140 g)	abtropfen lassen
	alle Zutaten miteinander vermengen, mit
Salz, Pfeffer, Curry Oregano	pikant abschmecken
	den Teig zu einem Rechteck (30 x 40 cm) ausrollen, mit
50 g zerlassener Butter	bestreichen
	die Füllung auf dem Teig verteilen und mit der Hälfte von
100 g geriebenem Käse, z. B. Greyerzer oder Emmentaler	bestreuen, den Teig mit Füllung aufrollen und mit der Naht nach unten auf ein mit Backpapier belegtes Backblech legen, mit
Kondensmilch	bestreichen und mit dem restlichen Käse und
100 g gerösteten Nüssen	bestreuen
Ober-/Unterhitze	etwa 180 °C (vorgeheizt)
Heißluft	etwa 160 °C (nicht vorgeheizt)
Gas	etwa Stufe 3 (vorgeheizt)
Backzeit	30–40 Minuten.

Pizza vom Blech

	Für die Sauce
2 Zwiebeln 2 Knoblauchzehen	abziehen, fein würfeln
2 EL Olivenöl	erhitzen, Zwiebeln und Knoblauch darin andünsten
200 g passierte Tomaten, (Fertigprodukt) 2 EL Tomatenmark 1 EL gerebelten Oregano 1 TL gerebeltes Basilikum 1 TL Salz, Pfeffer	dazugeben, die Sauce aufkochen, dann 5 Minuten bei schwacher Hitze köcheln, dann abkühlen lassen.
	Für den Teig
300 g Weizenmehl	mit
knapp 200 ml lauwarmem Wasser 1 Pck. Trockenhefe 2 EL Olivenöl	

2 TL Salz, 1 TL Zucker	in eine Rührschüssel geben, mit Handrührgerät mit Knethaken in 5 Minuten zu einem Teig verarbeiten, an einem warmen Ort gehen lassen, bis er sich sichtbar vergrößert hat.
	Für den Belag
200 g Artischockenherzen (aus dem Glas)	abtropfen lassen, halbieren
2 Tomaten	
120 g Champignons	
1 kleine Zucchini	putzen, waschen, in Scheiben schneiden
50 g schwarze Oliven	
2 EL abgetropfte Kapern	bereitstellen
	Den Teig auf der bemehlten Arbeitsfläche nochmals kurz durchkneten, auf einem gefetteten Backblech ausrollen, die Tomatensauce darauf verteilen, das Gemüse auf der Tomatensauce verteilen
125 g abgetropften Mozzarella	in dünne Scheiben schneiden
80 g Gouda	raspeln
70 g Gorgonzola	in Würfel schneiden, die Käsesorten über das Gemüse streuen bzw. darauflegen
1 EL gerebelten Oregano	darüberstreuen, das Backblech in den Backofen schieben
Ober-/Unterhitze	200–220 °C (vorgeheizt)
Heißluft	180–200 °C (nicht vorgeheizt)
Gas	etwa Stufe 4 (vorgeheizt)
Backzeit	etwa 20 Minuten.

Porree-Mett-Käse-Pizza

	Für den Hefeteig
300 g Weizenmehl	in eine Rührschüssel sieben, mit
1 Pck. Trockenhefe	sorgfältig vermischen
1 TL Zucker, 1 TL Salz	
2 EL Speiseöl	
200 ml lauwarmes Wasser	hinzufügen
	die Zutaten mit Handrührgerät mit Knethaken zunächst auf niedrigster, dann auf höchster Stufe in etwa 5 Minuten zu einem Teig verarbeiten
	den Teig zugedeckt so lange an einem warmen Ort stehen lassen, bis er sich sichtbar vergrößert hat.

Für den Belag

300 g Porree (Lauch) putzen, der Länge nach halbieren, waschen, in Streifen schneiden, kurz in
kochendes Salzwasser geben, abtropfen lassen
100 g Tomatenmark mit
1 TL Senf
3 EL Wasser verrühren, mit
Salz würzen

den gegangenen Teig leicht mit Mehl bestäuben, aus der Schüssel nehmen, auf der Arbeitsfläche nochmals kurz durchkneten, auf einem gefetteten Backblech (38 x 28 cm) ausrollen, mit der Tomatenmarkmasse bestreichen (1 cm am Rand freilassen)
300 g Thüringer Mett in kleinen Portionen darauf verteilen
200 g Käse, z. B. Gouda würfeln, zusammen mit dem Porree darüber verteilen, vor den Teig einen mehrfach umgeknickten Streifen Alufolie legen, den Teig nochmals so lange an einem warmen Ort stehenlassen, bis er sich sichtbar vergrößert hat

Ober-/Unterhitze 200–220 °C (vorgeheizt)
Heißluft etwa 180 °C (nicht vorgeheizt)
Gas Stufe 3–4 (vorgeheizt)
Backzeit etwa 25 Minuten.

Spinatpizza

(Foto Seite 100)

Für den Teig

175 g Weizenmehl (Type 1050) in eine Schüssel sieben, mit
75 g Weizenschrot
1 Pck. Trockenhefe sorgfältig mischen
25 g zerlassene Butter oder Margarine
½ TL Zucker
Salz, Pfeffer
etwa 125 ml (⅛ l) lauwarme Milch hinzufügen, alles mit einem Handrührgerät mit Knethaken zuerst auf der niedrigsten, dann auf der höchsten Stufe in etwa 5 Minuten zu einem Teig verarbeiten, sollte er kleben, noch etwas Mehl hinzufügen (aber nicht zu viel, Teig muß weich bleiben)

	den Teig an einem warmen Ort so lange stehenlassen, bis er doppelt so hoch ist, ihn dann auf der höchsten Stufe nochmals gut durchkneten, den Teig zu einer runden Platte (35 cm) ausrollen, auf ein Backblech oder in eine Springform legen.
	Für den Belag
1 mittelgroße Zwiebel	abziehen
75 g durchwachsenen Speck	
75 g gekochten Schinken	die 3 Zutaten in Würfel schneiden
2 EL Speiseöl	erhitzen, den Speck darin ausbraten, Zwiebel- und Schinkenwürfel hinzufügen, 2–3 Minuten dünsten lassen
500 g Spinat	sorgfältig verlesen, gründlich waschen, tropfnaß in einen Topf geben, zugedeckt dünsten lassen, bis die Blätter zusammenfallen, abtropfen lassen, mit den Schinken-, Speck- und Zwiebelwürfeln vermengen
2 Knoblauchzehen	abziehen, fein würfeln, hinzufügen den Spinat mit
Salz **geriebener Muskatnuß** **Zitronensaft**	würzen, auf dem Pizzaboden verteilen
400 g Fleischtomaten	waschen, abtrocknen, die Stengelansätze entfernen, die Tomaten in Scheiben schneiden, auf dem Spinat verteilen, mit
Salz, Pfeffer **2 EL gehackten Majoranblättchen**	bestreuen
150 g Gouda-Käse	grob raspeln, darüber verteilen die belegte Pizza nochmals an einem warmen Ort gehen lassen, bis der Teig doppelt so hoch ist, erst dann das Backblech oder die Form auf dem Rost in den Backofen schieben
Ober-/Unterhitze	200–220 °C (vorgeheizt)
Heißluft	180–200 °C (nicht vorgeheizt)
Gas	Stufe 3–4 (vorgeheizt)
Backzeit	etwa 25 Minuten.

Zigeuner-Pizza

(Foto Seite 117)

	Für den Teig
250 g Weizenmehl	mit
125 ml (1/8 l) lauwarmem Wasser	
1 Pck. Trockenhefe	
2 EL Olivenöl	
1 TL Salz	
1/2 TL Zucker	
75 g gerieb. Gouda-Käse	
5 EL Buttermilch	in eine Rührschüssel geben, mit Handrührgerät mit Knethaken in 5 Minuten zu einem Teig verarbeiten, an einem warmen Ort gehen lassen, bis er sich sichtbar vergrößert hat auf dem Boden einer Springform (Ø 26 cm) ausrollen, am Rand der Form gleichmäßig etwa 1 1/2 cm hochziehen, andrücken und mit
3 EL Tomatenstücken (aus der Dose)	belegen, mit
Oregano	bestreuen
2–3 Tomaten	putzen, waschen, in Scheiben schneiden, auf die Tomatenstücke legen, mit
Salz, Pfeffer, Paprika edelsüß, Knoblauchsalz	kräftig bestreuen
2–3 Peperoni	entkernen, in kleine Stücke schneiden
100 g Salamischeiben	vierteln
175 g Schweizer Käse	würfeln
125 g Tomaten-Paprika-Schnitzel (aus dem Glas)	abtropfen lassen alle Zutaten mischen, auf die Pizza geben und gleichmäßig verteilen
1 kleine Zwiebel	abziehen, in Scheiben schneiden und als Zwiebelringe auf den Belag geben Pizza mit Paprika, Pfeffer und Oregano bestreuen, mit
1 EL Olivenöl	bepinseln, die Form auf dem Rost in den Backofen schieben
Ober-/Unterhitze	200–220 °C (vorgeheizt, unterste Schiene)
Heißluft	180–200 °C (nicht vorgeheizt)
Gas	Stufe 4–5 (vorgeheizt)
Backzeit	etwa 20 Minuten.

Zucchini-Pizza

(Foto Seite 118)

	Für den Teig
250 g Weizenmehl	in eine Rührschüssel geben, mit
1 Pck. Trockenhefe	gut vermischen
½ TL Zucker	
1 gestr. TL Salz	
3 EL Olivenöl	
125 ml (⅛ l) lauwarmes Wasser	hinzufügen
	alle Zutaten mit Handrührgerät mit Knethaken zu einem Teig verarbeiten, an einem warmen Ort so lange gehen lassen, bis er sich sichtbar vergrößert hat.
	Für den Belag
500 g Zucchini	putzen, grob raspeln, mit
1 Ei	
2 EL abgezogenen, gemahlenen Mandeln	vermengen, mit
2 durchgepreßten Knoblauchzehen	
Salz, Pfeffer	abschmecken
	den Teig aus der Schüssel nehmen, auf der bemehlten Arbeitsfläche nochmals kurz durchkneten, gut ⅔ des Teiges zu einer runden Platte (etwa 25 x 25 cm) ausrollen, auf ein gefettetes Backblech legen
	aus dem restlichen Teig eine Rolle formen, als Rand auf die Teigplatte legen, die Rolle mit
1 Eigelb	verquirlt mit
1 EL Wasser	bestreichen, mit einer Schere in Abständen von 2 cm schräg einschneiden
	den Belag auf dem Teig verteilen
2 Rauchenden (je 85 g)	in Scheiben schneiden, auf den Belag legen, mit
75 g geraspeltem Käse (z. B. Gouda)	bestreuen, den Teig nochmals etwas gehen lassen, bis er sich sichtbar vergrößert hat, Backblech in den Backofen schieben
Ober-/Unterhitze	200–220 °C (vorgeheizt)
Heißluft	180–200 °C (nicht vorgeheizt)
Gas	Stufe 4–5 (vorgeheizt)
Backzeit	etwa 20 Minuten.

Zigeuner-Pizza, Rezept Seite 115

Zucchini-Pizza, Rezept Seite 116

Apfel-Zwiebel-Quiche, Rezept Seite 124

Gemüse-Quiche, Rezept Seite 131

Quiche & Co. aus der Form

Apfel-Kürbis-Tarte

(Foto Seite 98)

	Für den Teig
150 g Landana oder Gouda-Käse	raspeln
125 g Weizenvollkornmehl	in eine Rührschüssel geben
½ TL Salz	
1 Eigelb	
1–2 EL kaltes Wasser	
125 g Butter oder Margarine	in Flöckchen und 100 g von dem Käse hinzufügen, mit dem Handrührgerät mit Knethaken zu einem Teig verarbeiten anschließend auf der Arbeitsfläche zu einem glatten Teig verkneten, zugedeckt etwa 30 Minuten kalt stellen.
	Für den Belag
750 g Kürbis	schälen, entkernen und grob raspeln
2 Zwiebeln	schälen, fein würfeln
2 EL Speiseöl	erhitzen, Zwiebelwürfel darin dünsten
2 EL Aprikosen-Konfitüre	
2 EL Weißwein-Essig	und Kürbisfleisch hinzufügen und andünsten, mit
Salz	
Cayennepfeffer	
Kreuzkümmel	würzen Teig in eine Quiche-Form (Ø 30 cm) drücken, einen Rand hochziehen, mit Backpapier auslegen
Trockenerbsen	einfüllen und auf dem Rost in den Backofen schieben
Ober-/Unterhitze	180–200 °C (vorgeheizt)
Heißluft	160–180 °C (nicht vorgeheizt)
Gas	etwa Stufe 3 (vorgeheizt)
Backzeit	etwa 10 Minuten Erbsen und Backpapier entfernen
1 großen Apfel	schälen, vierteln, entkernen, in Spalten schneiden Kürbismasse auf dem vorgebackenen Teig verteilen darauf kranzförmig die Apfelspalten legen
2 Eier	mit
200 ml Schlagsahne	verquirlen, würzen und darübergeben, mit dem restlichen Käse bestreuen und weitere 30 Minuten bei gleicher Backofeneinstellung backen.

Apfel-Zwiebel-Quiche

(Foto Seite 119)

	Für den Quark-Öl-Teig
200 g Weizenmehl	in eine Rührschüssel sieben, mit
2 TL Backpulver	
1 Prise Salz	vermischen
100 g Speisequark	
6 EL Milch	
6 EL Speiseöl	hinzufügen, die Zutaten mit Handrührgerät mit Knethaken auf höchster Stufe in etwa 1 Minuten verarbeiten.
	Für den Belag
150 g durchwachsenen Speck	in Streifen schneiden
2 EL Speiseöl	in einer Pfanne erhitzen, die Speckstreifen anbraten, herausnehmen
400 g Zwiebeln	abziehen, in dünne Ringe schneiden, in dem Fett anbraten
3 säuerliche Äpfel	schälen, vierteln, das Kerngehäuse entfernen, die Apfelviertel in dünne Spalten schneiden, mit
1 Becher (150 g) saurer Sahne	
1 Becher (150 g) Crème fraîche	
80 g geriebenem Emmentaler	
3 Eiern	
Salz	
frisch gemahlenem Pfeffer	mischen, den Teig auf einer bemehlten Arbeitsfläche ausrollen, in eine gefettete Spring- oder Quiche-Form (Ø 26 cm) legen, dabei einen 2 cm hohen Rand formen, die Apfelspalten auf den Teig verteilen, die Zwiebelmasse daraufgeben, den Speck darauf verteilen, die Eier-Sahne-Milch darübergeben, auf dem Rost in den Backofen schieben
Ober-/Unterhitze	180–200°C (vorgeheizt)
Heißluft	160–180 °C (nicht vorgeheizt)
Gas	Stufe 3–4 (vorgeheizt)
Backzeit	etwa 40 Minuten.

Austernpilzquiche

	Für den Teig
300 g Weizenmehl	in eine Rührschüssel sieben
Salz	
1 Ei	
50 g saure Sahne	
125 g Butter	in Flöckchen hinzufügen, die Zutaten mit Handrührgerät mit Knethaken zunächst kurz auf niedrigster, dann auf höchster Stufe gut durcharbeiten, anschließend auf der Arbeitsfläche zu einem glatten Teig verkneten, sollte er kleben, ihn eine Zeitlang kalt stellen den Teig auf einer bemehlten Arbeitsfläche ausrollen, eine Quiche-Form (Ø 28 cm, Boden gefettet) damit auslegen, Teigränder hochdrücken.
	Für den Belag
400 g Austernpilze	putzen, mit Küchenpapier abreiben, evtl. abspülen, in Stücke schneiden
20 g Butter	mit
2 EL Speiseöl	zerlassen, Austernpilze darin etwa 5 Minuten dünsten, etwas abkühlen lassen
100 g TK-Erbsen	
1 EL Petersilienblättchen	unterrühren, mit
Salz	
frisch gemahlenem Pfeffer	abschmecken,
2 EL Semmelbrösel	auf dem Teig verteilen, die Mischung auf den Teigboden geben
4 Eier	mit
1 Becher (150 g) Crème fraîche	
125 ml (1/8 l) Schlagsahne	verquirlen
50 g geriebenen mittelalten Gouda	unterrühren, mit Salz und Pfeffer würzen, über die Pilze geben
50 g Frühstücksspeck (Bacon)	in jeweils 4 Stücke schneiden, auf der Quiche verteilen, die Form auf der untersten Schiene (bei Gas auf der mittleren Schiene) in den Backofen schieben

Ober-/Unterhitze	etwa 200 °C (vorgeheizt)
Heißluft	etwa 180 °C (nicht vorgeheizt)
Gas	etwa Stufe 4 (vorgeheizt)
Backzeit	20–30 Minuten.
Tip	Zusätzlich zu Austernpilzen und Erbsen kann die Quiche auch mit anderen Gemüsesorten, z. B. Tomaten oder Zucchini (in Scheiben geschnitten), belegt werden.

Blätterteig-Kartoffel-Pastete

1 Pck. (300 g) TK-Blätterteig	nach Packungsanleitung auftauen lassen
1½ kg kleine, festkochende Kartoffeln	waschen, in so viel Wasser zum Kochen bringen, daß die Kartoffeln bedeckt sind, in 20–25 Minuten gar kochen, das Wasser abgießen, abdämpfen lassen, heiß pellen, erkalten lassen die Kartoffeln in Scheiben schneiden
300 g durchwachsenen Speck	in Würfel schneiden die Hälfte des Blätterteigs auf bemehlter Arbeitsfläche zu einer runden Platte (Ø 28 cm) ausrollen, damit den Boden und die Ränder einer mit kaltem Wasser abgespülten Springform (Ø 26 cm) auskleiden, so daß ein 3 cm hoher Rand entsteht, mit
2 EL Semmelbröseln	bestreuen Kartoffelscheiben und Speckwürfel mit
3 EL feingeschnittenem Schnittlauch 1 EL gehackten Majoranblättchen	abwechselnd auf den Teigboden schichten, dabei die Kartoffelscheiben mit
Salz frisch gemahlenem weißen Pfeffer	würzen
2 Becher (300 g) Crème fraîche 4 Eiern ½ Eiweiß ½ Eigelb	mit verschlagen, mit
geriebener Muskatnuß Paprika edelsüß	kräftig würzen, über die Zutaten verteilen

	den restlichen Blätterteig in der Größe der Tortenoberfläche ausrollen und auf die Füllung legen, etwas andrücken, aus den Teigresten kleine Figuren ausstechen, die Figuren mit
½ verschlagenem Eiweiß	bestreichen und auf die Teigoberfläche setzen
½ Eigelb	mit
1 EL Milch	verschlagen, die Teigoberfläche damit bestreichen, mehrmals mit einer Gabel einstechen oder kleine Löcher einstechen (damit die Luft entweichen kann), die Form auf dem Rost in den Backofen schieben
Ober-/Unterhitze	etwa 200 °C (vorgeheizt)
Heißluft	etwa 180 °C (nicht vorgeheizt)
Gas	Stufe 3–4 (vorgeheizt)
Backzeit	50–60 Minuten
Tip	Für die vegetarische Variante statt Speck geraspelten Emmentaler in die Pastete schichten.

Blätterteig-Taschen, pikant gefüllt

	Für die Füllung
125 g Schinken (roh oder gekocht)	
100 g Käse, z. B. Gouda	in kleine Würfel schneiden, mit
1–2 EL gehackter Petersilie	vermengen
1 Pck. (300 g) TK-Blätterteig	bei Zimmertemperatur auftauen lassen, die Teigplatten etwa 3 mm dick ausrollen, mit einer runden Form (Ø etwa 9 cm) Plättchen ausstechen, die Ränder mit etwas von
3 EL Kondensmilch	bestreichen, die Füllung in die Mitte der Plättchen geben, die Teigplättchen zusammenklappen, die Ränder gut festdrücken, den Teig mit der restlichen Kondensmilch bestreichen, auf ein mit Wasser abgespültes Backblech legen und in den Backofen schieben
Ober-/Unterhitze	200–220°C (vorgeheizt)
Heißluft	180–200 °C (nicht vorgeheizt)
Gas	etwa Stufe 4 (vorgeheizt)
Backzeit	etwa 15 Minuten.

Blumenkohl-Pie

1 kleinen Blumenkohl	in Röschen zerteilen, waschen in kochendem
Salzwasser	5 Minuten kochen, abgießen, kalt abschrecken, gut abtropfen lassen, 250 ml (¼ l) Kochwasser beiseite stellen
3 Knoblauchzehen	
3 Zwiebeln	abziehen, fein würfeln in
60 g Butter	andünsten
1 EL Garam Masala	
1 EL Currypulver	dazugeben und ebenfalls andünsten, 250 ml (¼ l) Blumenkohlwasser,
1 Becher (150 g) Crème fraîche	
3 EL Zitronensaft	
1 TL gemahlenen Kreuzkümmel	dazugeben, aufkochen
300 g Kartoffeln	waschen, schälen, in kleine Würfel schneiden
180 g Möhren	putzen, schälen, waschen, in kleine Würfel schneiden
120 g Champignons	putzen, evtl. mit Küchenpapier abreiben, in Scheiben schneiden, Kartoffeln, Möhren und Champignons dazugeben, alles 10 Minuten kochen, dann die Blumenkohlröschen und
90 g TK-Erbsen	dazugeben, umrühren, kurz dünsten lassen, in eine Pie-Form (Ø 26 cm) geben, mit
2–3 EL Semmelbröseln	bestreuen
225 g (5 Platten) TK-Blätterteig	nach Vorschrift auftauen die Scheiben übereinanderlegen, zu einem Deckel (Ø 30 cm) ausrollen
1 Eigelb	mit
1 EL Milch	verrühren, den Pie-Form-Rand damit einstreichen, Blätterteig auflegen, fest auf den Pie-Form-Rand andrücken, überstehenden Teig abschneiden, hieraus Verzierungen für den Deckel schneiden oder ausstechen, in der Mitte des Deckels einen Kamin ausschneiden, den Deckel mit verquirltem Eigelb bestreichen, auf dem Rost in den Backofen schieben
Ober-/Unterhitze	180–200 °C (vorgeheizt, unterste Schiene)
Heißluft	160–180 °C (nicht vorgeheizt)
Gas	Stufe 3–4 (vorgeheizt)
Backzeit	25–30 Minuten
	die Pie aus dem Ofen nehmen, wenn der Blätterteig goldbraun gebacken ist.

Fenchel-Zwiebel-Tarte

	Für den Teig
230 g Weizenmehl	in eine Rührschüssel geben
70 g Maismehl	
1 TL Backpulver	
60 g Magerquark	
1 Ei	
150 g Butter	
1 TL Salz	hinzufügen, die Zutaten mit Handrührgerät mit Knethaken auf höchster Stufe in etwa 1 Minute verarbeiten, anschließend auf der bemehlten Arbeitsfläche zu einem geschmeidigen Teig verkneten, 30 Minuten ruhen lassen.
	Für die Füllung
5 Knoblauchzehen	abziehen, fein zerdrücken
400 g Zwiebeln	abziehen, in Scheiben schneiden, in
4 EL Pflanzenöl	kräftig anbraten, mit
Salz	
frisch gemahlenem Pfeffer	
gerebeltem Rosmarin	
gerebeltem Thymian	
2 EL Hefeflocken	würzen, abkühlen lassen
600 g Fenchel	putzen, waschen, halbieren, in Scheiben schneiden, in Salzwasser 3–5 Minuten kochen, dann gut abtropfen lassen den Teig dünn ausrollen, eine Tarte-Form (Ø 30 cm) damit auskleiden, Zwiebeln darauf verteilen, anschließend den Fenchel,
180 g Magerquark	
100 ml Milch	
2 Eier	
1 TL Fenchelsamen	
Salz	verrühren, gleichmäßig über die Tarte verteilen, auf der unteren Schiene in den Backofen schieben
Ober-/Unterhitze	etwa 200 °C (vorgeheizt)
Heißluft	etwa 180 °C (nicht vorgeheizt)
Gas	Stufe 3–4 (vorgeheizt)
Backzeit	etwa 50 Minuten.

Florentinischer Schichtkuchen

	Für den Strudelteig
300 g Weizenvollkornmehl	in eine Rührschüssel geben
6 EL Olivenöl	
1 TL Meersalz	
1 TL Zitronensaft	
250 ml (1/4 l) Wasser	hinzufügen, die Zutaten mit Handrührgerät mit Knethaken zunächst kurz auf niedrigster, dann auf höchster Stufe gut durcharbeiten, anschließend auf der Arbeitsfläche zu einem glatten Teig verkneten den Teig auf Backpapier in einen heißen, trockenen Kochtopf legen (vorher Wasser darin kochen), mit einem Deckel verschließen und etwa 30 Minuten ruhen lassen Den Teig in 5 gleich große Stücke teilen, jedes auf einem bemehlten großen Küchentuch zu einem Kreis von etwa 25 cm Durchmesser ausrollen, einzelne Platten in Frischhaltefolien verpacken, damit sie nicht trocken werden.
	Für die Füllung
2 kg Blattspinat	putzen, waschen
1 EL Olivenöl	erhitzen, Spinat hinzufügen, zugedeckt garen, bis er zerfallen ist
1 Knoblauchzehe	abziehen, fein hacken, unterrühren, mit
Meersalz	
gemahlenem Pfeffer	abschmecken
100 g Parmesan-Käse	fein raspeln
500 g Tomaten	waschen, die Stengelansätze herausschneiden, die Tomaten in dünne Scheiben schneiden
50 g Pinienkerne	hacken eine Teigplatte auf einen Springformboden legen, mit etwas von
50 ml Olivenöl	bestreichen, mit 1/5 Parmesan und Pinienkernen bestreuen, Spinat daraufgeben, mit Tomatenscheiben belegen, die zweite Teigplatte mit Olivenöl bestreichen, mit der geölten Seite auf die Tomaten legen, den Springformboden auf dem Rost auf die mittlere Schiene in den Backofen schieben
Ober-/Unterhitze	etwa 240 °C (vorgeheizt)
Heißluft	etwa 220 °C (nicht vorgeheizt)
Gas	etwa Stufe 5 (vorgeheizt)
Backzeit	etwa 10 Minuten

Kuchen herausnehmen, mit Olivenöl bestreichen und belegen wie zuvor, mit einer dritten Teigplatte abschließen, wieder backen, so fortfahren, bis die letzte Platte aufgelegt wird, diese letzte Platte mit

4 EL geriebenem Parmesan-Käse
3 EL ganzen Pinienkernen bestreuen, backen wie oben angegeben, heiß servieren.

Gemüsequiche

(Foto Seite 120)

Für den Teig

200 g Weizenmehl in eine Rührschüssel sieben
1 gestr. TL Salz
1 Ei
100 g weiche Butter hinzufügen. Die Zutaten mit einem Handrührgerät mit Knethaken zunächst kurz auf niedrigster, dann auf höchster Stufe gut durcharbeiten, anschließend auf der Arbeitsfläche zu einem glatten Teig verkneten
den Teig 1 Stunde kalt stellen.

Für den Belag

2 Zucchini (etwa 250 g) putzen, waschen, in Scheiben schneiden
100 g tiefgekühlte Erbsen
300 g tiefgekühlten Brokkoli nacheinander jeweils 3 Minuten in kochendes Salzwasser geben, das Gemüse auf ein Sieb geben, mit kaltem Wasser übergießen, gut abtropfen lassen
4 Tomaten kurze Zeit in das kochende Wasser geben (nicht kochen lassen), in kaltem Wasser abschrecken, enthäuten, die Stengelansätze herausschneiden, in dünne Scheiben schneiden
das Gemüse erkalten lassen
den Teig ausrollen, eine gefettete Springform (Ø etwa 28 cm) damit auslegen, für den Rand noch
1 EL Weizenmehl unterkneten, eine Rolle daraus formen, sie als Rand auf den Boden legen und 2–3 cm hochziehen, den Teigboden mehrmals mit einer Gabel einstechen
die Form auf dem Rost in den Backofen schieben

Ober-/Unterhitze 200–220 °C (nicht vorgeheizt)
Heißluft 180–200 °C (nicht vorgeheizt)
Gas Stufe 4–5 (nicht vorgeheizt)
Backzeit 10–15 Minuten.

	Das Gemüse auf dem vorgebackenen Boden verteilen, in die Mitte die Erbsen geben, dann Zucchinischeiben als Kreis, dann Brokkoli und als äußersten Kreis Tomatenscheiben auf den Boden legen
	das Gemüse mit
frisch gemahlenem Pfeffer	bestreuen
200 g Schnittkäse, z. B. Favorel	in Würfel schneiden, über das Gemüse geben, mit
1 Becher (150 g) Crème fraîche	
2 Eiern	
1 TL scharfem Senf	
1 EL gehackten Kräutern	verrühren, mit
Salz	
geriebener Muskatnuß	abschmecken, über das Gemüse gießen, die Form auf dem Rost in den Backofen schieben
Ober-/Unterhitze	180–200 °C (vorgeheizt)
Heißluft	160–180 °C (nicht vorgeheizt)
Gas	Stufe 3–4 (vorgeheizt)
Backzeit	etwa 45 Minuten.

Gemüse-Quiche mit Sprossen

500 g junge grüne Bohnen	putzen, die Enden abschneiden, dabei die Fäden abziehen, die Bohnen waschen
500 g Kartoffeln	
500 g Möhren	beide Zutaten schälen, waschen und in dünne Scheiben hobeln
	eine große, flache Form (25 x 30 cm) mit
1 EL Butter	ausstreichen, Gemüse schräg überlappend in die Form schichten und mit
100 g Mungobohnensprossen oder Sojasprossen	bestreuen
500 ml (½ l) Milch	
250 ml (¼ l) Schlagsahne	
3 Eigelbe	verquirlen, salzen, über das Gemüse gießen und auf dem Rost in den Backofen schieben
Ober-/Unterhitze	etwa 200 °C (vorgeheizt)
Heißluft	etwa 180 °C (nicht vorgeheizt)
Gas	Stufe 3–4 (vorgeheizt)

Backzeit 60–70 Minuten
nach 50 Minuten Backzeit
3 Eiweiß steif schlagen, mit
50 g geriebenen
Haselnüssen vermischen, von
1 Kressekästchen das Grün abschneiden, unterziehen, auf den Auflauf häufen und fertig backen.

Geschichteter Eierkuchen

Für die Pfannkuchen
150 g Magerquark mit
4 Eigelb
1 Prise Salz cremig verrühren
400 ml Milch unterrühren, mit
200 g gesiebtem Weizenmehl zu einer glatten Teigmasse verrühren
4 Eiweiß steif schlagen, unter den Teig heben etwas von
4 EL Speiseöl in einer Pfanne erhitzen, ¼ des Teiges hineingeben, von beiden Seiten goldgelb backen, warm halten, aus dem restlichen Teig drei weitere Pfannkuchen backen.

Für die erste Füllung
6–8 Tomaten kurze Zeit in kochendes Wasser legen (nicht kochen lassen), mit kaltem Wasser abschrecken, enthäuten, die Stengelansätze herausschneiden, die Tomaten in Scheiben schneiden
100 g Frühstücksspeck in Würfel schneiden, in einer Pfanne in etwa 5 Minuten auslassen, die Tomatenscheiben hinzugeben, kurz mitbraten lassen, mit
Salz, Pfeffer
gerebeltem Majoran kräftig würzen.

Für die zweite Füllung
1 Zwiebel abziehen, fein würfeln
1 EL Speiseöl erhitzen, die Zwiebelwürfel darin anbraten
250 g Rinderhackfleisch
125 g Schweinemett hinzufügen, mitbraten lassen, bis das Fleisch gar und gebräunt ist, dabei die Fleischklümpchen etwas mit einer Gabel zerdrücken
1 Knoblauchzehe abziehen, zerdrücken, hinzufügen, mit
Salz, Pfeffer
Paprika edelsüß

1 EL Weinbrand	pikant abschmecken
1 EL gehackte Petersilie	unterrühren.
	Für die dritte Füllung
1 kleine Zwiebel	abziehen, würfeln
1 kleine grüne Paprikaschote	halbieren, entstielen, entkernen, die weißen Scheidewände entfernen, die Schote waschen, in Streifen schneiden
1 EL Speiseöl	erhitzen, Zwiebelwürfel und Paprikaschoten darin anbraten
4 Eier	mit
3 EL Milch	verschlagen, mit
Salz, Pfeffer	
geriebener Muskatnuß	würzen, darübergießen, unter Rühren stocken lassen einen Pfannkuchen in eine passende, feuerfeste Form legen, die erste Füllung daraufgeben, mit einem Eierkuchen bedecken, die zweite Füllung daraufgeben, dann wieder einen Eierkuchen, die dritte Füllung hinzugeben, mit einem Eierkuchen bedecken, alles mit
3 verschlagenen Eiern	übergießen
100 g geriebenen Emmentaler Käse	
2 EL geriebenen Parmesan Käse	darüberstreuen, die Form auf dem Rost in den Backofen schieben
Ober-/Unterhitze	180–200 °C (vorgeheizt)
Heißluft	160–180 °C (nicht vorgeheizt)
Gas	Stufe 3–4 (vorgeheizt)
Backzeit	etwa 35 Minuten.

Grüne Quiche

	Für den Teig
200 g Weizenmehl (Type 550)	in eine Rührschüssel sieben
100 g Butter	
1 Eigelb, ½ TL Salz	
2 EL kaltes Wasser	hinzufügen, die Zutaten mit Handrührgerät mit Knethaken zunächst auf niedrigster, dann auf höchster Stufe gut durcharbeiten, anschließend auf einer leicht bemehlten Arbeitsfläche zu einem glatten Teig verkneten, etwa 1 Stunde kalt stellen.

	Für den Belag
2 Bund Frühlingszwiebeln	
200 g Brokkoli	putzen, waschen, die Frühlingszwiebeln längs halbieren, den Brokkoli in kleine Röschen zerteilen, beide Zutaten in
kochendem Salzwasser	blanchieren (Frühlingszwiebeln 2 Minuten, Brokkoliröschen 5 Minuten) das Gemüse anschließend auf ein Sieb geben, mit kaltem Wasser übergießen, abtropfen lassen
250 g TK-Blattspinat	sorgfältig verlesen, die groben Stiele entfernen, Spinat gut waschen, in
kochendem Salzwasser	blanchieren, mit kaltem Wasser übergießen, gut ausdrücken, mit
3 Bund gemischten Kräutern	pürieren oder fein hacken
4 Eier	mit
200 ml Schlagsahne	verschlagen
150 g mittelalten Gouda	reiben, unterrühren, mit
Salz	
frisch gemahlenem Pfeffer	
geriebener Muskatnuß	abschmecken den Teig zwischen Folie zu einer runden Platte ausrollen (Ø etwa 30 cm), eine mit
Margarine	eingefettete Quiche-Form (Ø 30 cm) damit auslegen
200 g mageren milden Schinken	in kleine Würfel schneiden, mit Frühlingszwiebeln und Brokkoliröschen auf den Teigboden geben, Spinat-Käse-Masse darübergeben, mit
2 EL Pinienkernen	bestreuen, die Form auf dem Rost in den Backofen schieben
Ober-/Unterhitze	etwa 200 °C (vorgeheizt, unterste Schiene)
Heißluft	etwa 180 °C (nicht vorgeheizt)
Gas	Stufe 3–4 (vorgeheizt)
Backzeit	etwa 55 Minuten.

Griechischer Spinatkuchen

5 Scheiben TK-Blätterteig	nach Packungsanleitung auftauen lassen.
	Für den Belag
3 Zwiebeln	abziehen, würfeln
3 EL Olivenöl	erhitzen, die Zwiebelwürfel darin andünsten
2 Knoblauchzehen	abziehen, fein hacken, hinzufügen
3 Packungen (je 300 g) TK-Blattspinat	unaufgetaut hinzufügen, im zugedeckten Topf nach Packungsanleitung auftauen lassen, mit
Salz, Pfeffer	würzen, erkalten lassen
250 g Schafskäse	in Würfel schneiden
75 g Gouda-Käse	raspeln
3 Eier	mit
1 Eiweiß	
3 EL gehacktem Dill	verrühren, den Käse hinzufügen, mit dem Spinat vermengen, mit Pfeffer, evtl. (je nach Salzgehalt des Schafskäses) mit Salz abschmecken 3 Blätterteigplatten übereinanderlegen, zu einer runden Platte von etwa 30 cm Durchmesser ausrollen, auf den Boden einer Springform (Ø etwa 26 cm) legen, am Springformrand etwas andrücken, die Füllung darauf verteilen, die Teigränder über die Füllung geben, mit
Wasser	bestreichen, die zwei Teigplatten in der Größe des Springformbodens ausrollen, auf die Füllung legen, gut andrücken, aus den Teigresten nach Belieben Figuren ausschneiden, die Teigoberfläche damit garnieren
1 Eigelb	mit
1 EL Olivenöl	verschlagen, die Teigoberfläche damit bestreichen, die Form auf dem Rost in den Backofen schieben
Ober-/Unterhitze	200–220 °C (vorgeheizt, unterste Schiene)
Heißluft	180–200 °C (nicht vorgeheizt)
Gas	Stufe 3–4 (vorgeheizt)
Backzeit	etwa 30 Minuten.

Krautttorte mit Allgäuer Emmentaler, Rezept Seite 143

Köstliche Frischkäse-Tarte mit Lachs, Rezept Seite 144

Pikanter Gemüsekuchen, Rezept Seite 151

Pikanter Kuchen mit Mangold, Rezept Seite 153

Kartoffelpudding mit Tomatensauce

750 g mehligkochende Kartoffeln	waschen, in Wasser zum Kochen bringen, in 20 bis 25 Minuten gar kochen lassen, abgießen, abdämpfen, pellen, abkühlen lassen
200 g gekochten Schinken	in Würfel schneiden
1 Zwiebel	abziehen, fein würfeln
20 g Butterschmalz	zerlassen, Schinken- und Zwiebelwürfel darin andünsten, die gepellten Kartoffeln durch die Kartoffelpresse drücken oder zerstampfen, mit den Schinken- und Zwiebelwürfeln
2 Eigelb, 2 Eiern	
Salz, weißem Pfeffer	
½ TL gerebeltem Majoran	
geriebener Muskatnuß	verrühren
2 Eiweiß	steif schlagen
200 ml Schlagsahne	steif schlagen, die Hälfte beiseite stellen, Eiweiß und Sahne unterheben, den Kartoffelteig in eine gefettete, mit
20 g Semmelbröseln	ausgestreute Puddingform füllen, mit dem Deckel verschließen, die Form in einen hohen Kochtopf stellen, so viel
heißes Wasser	dazugießen, daß die Form zu etwa ⅔ im Wasser steht, erhitzen, den Kartoffelkuchen in etwa 60 Minuten gar kochen, herausnehmen, noch 10 Minuten in der Form stehenlassen.
	Für die Sauce
30 g Butterschmalz	erhitzen
25 g Weizenmehl	darin unter Rühren erhitzen, bis es hellgelb ist
125 ml (⅛ l) Gemüsebrühe	
125 ml (⅛ l) Milch	hinzugießen, zugedeckt bei milder Hitze etwa 10 Minuten kochen, mit Salz, Pfeffer, geriebener Muskatnuß abschmecken
3 mittelgroße Tomaten (etwa 250 g)	kurze Zeit in kochendes Wasser legen (nicht kochen lassen), in kaltem Wasser abschrecken, enthäuten, vierteln, die Stengelansätze herausschneiden, die Tomaten in Stücke schneiden, zusammen mit der zurückgelassenen Sahne unter die Sauce rühren, alles erhitzen, aber nicht mehr aufkochen

1 EL gehackte Petersilie	
1 EL Schnittlauchröllchen	unterrühren, die Puddingform kurze Zeit in kaltes Wasser tauchen, den Kuchen rundherum am Rand mit einem spitzen Messer lösen, auf eine Platte stürzen, in Scheiben schneiden, mit der Sauce überziehen, warm servieren.

Kohlrabikuchen

	Für den Teig
250 g Weizenmehl (Type 550)	mit
1 gestr. TL Salz	
1 Pck. Backpulver	mischen, in eine Rührschüssel sieben
150 g Speisequark	
4 EL Milch	
1 kleines Ei	
4 EL Speiseöl	hinzufügen die Zutaten mit einem Handrührgerät mit Knethaken auf der höchsten Stufe in etwa 1 Minute zu einem glatten Teig verarbeiten (nicht länger, Teig klebt sonst) anschließend auf der bemehlten Arbeitsfläche zu einer Rolle formen, den Teig in einer Springform (Ø 26 cm, Boden gefettet) ausrollen, einen Rand von 3 cm hochziehen.
	Für den Belag
8 junge Kohlrabiknollen mit Blattwerk	putzen, dazu die zarten Blätter von den Stielen trennen, waschen und abtropfen lassen, in feine Streifen schneiden, die Knollen schälen,waschen und mit einem Kartoffelausstecher kleine Kugeln abstechen oder die Knollen in feine Stifte schneiden, mit
30 g Butter	etwa 5 Minuten unter Rühren andünsten, mit
frisch gemahlenem Pfeffer	
Salz	
geriebener Muskatnuß	würzen den Teigboden mit den Kohlrabiblättern auslegen, die Kohlrabikugeln dicht darauf verteilen
40 g geriebenen alten Gouda	mit
2 Eiern	

125 ml (1/8 l) Milch	verquirlen, über die Kohlrabi gießen
100 g durchwachsenen Speck in Scheiben	in feine Streifen schneiden, auf den Kohlrabi verteilen, die Form auf dem Rost in den Backofen schieben
Ober-/Unterhitze	etwa 180 °C (vorgeheizt, unterste Schiene)
Heißluft	etwa 160 °C (nicht vorgeheizt)
Gas	Stufe 3–4 (vorgeheizt)
Backzeit	etwa 50 Minuten
	10 Minuten ruhen lassen, dann den Kuchen aus der Form lösen, heiß servieren.

Krauttorte mit Allgäuer Emmentaler

(Foto Seite 137)

200 g Weizenmehl	mit
2 gestr. TL Backpulver	mischen, in eine Rührschüssel sieben
100 g Speisequark	
3 EL Milch	
3 EL Speiseöl	
1 Ei	
½ gestr. TL Salz	hinzufügen
	die Zutaten mit Handrührgerät mit Knethaken auf höchster Stufe in etwa 1 Minute zu einem Teig verarbeiten (nicht zu lange, Teig klebt sonst)
	anschließend auf der bemehlten Arbeitsfläche zu einer Rolle formen
1 kleinen Weißkohl (etwa 500 g)	vierteln, den Strunk entfernen und quer in dünne Streifen schneiden
2 Zwiebeln	abziehen, fein würfeln
2 säuerliche Äpfel	schälen, achteln, vom Kerngehäuse befreien
25 g Zucker	in einem breiten Topf zu goldgelbem Karamel schmelzen
40 g Butter	hinzufügen
	den Kohl, die Zwiebeln mit
2 abgezogenen, gepreßten Knoblauchzehen	darin bei mittlerer Hitze andünsten, mit
1–2 EL Paprikapulver	
Salz, Pfeffer	würzen
	Äpfel darauflegen, im geschlossenen Topf 10 Minuten garen, zum Schluß
1 EL Apfelessig	
1 Bund gehackte Petersilie	untermischen, auskühlen lassen

	2/3 des Teiges auf den gefetteten Boden einer Springform (Ø 26 cm) ausrollen, den Rest des Teiges zu einer Rolle formen, sie als Rand auf den Teigboden legen, so an die Form drücken, daß ein 2–3 cm hoher Rand entsteht
250 g Allgäuer Emmentaler	in 1 x 1 cm große Würfel schneiden
3 Eier	mit
200 g Schmand	verquirlen
	alles mit dem Kraut vermischen, auf den Teig geben und sofort backen, bis die Torte eine goldgelbe, knusprige Oberfläche hat
Ober-/Unterhitze	etwa 200 °C (vorgeheizt, unterste Schiene)
Heißluft	etwa 180 ° C (nicht vorgeheizt)
Gas	etwa Stufe 4 (vorgeheizt)
Backzeit	40–45 Minuten
	Torte lauwarm servieren.

Köstliche Frischkäse-Tarte mit Lachs

(Foto Seite 138)

	Für den Teig
250 g Weizenmehl	mit
4 TL Backpulver	mischen, in eine Rührschüssel sieben
125 g Magerquark	
50 ml Milch	
50 ml Soja-Öl	
1 Ei	
½ gestr. TL Salz	hinzufügen, die Zutaten mit einem Handrührgerät mit Knethaken auf höchster Stufe in etwa 1 Minute zu einem Teig verarbeiten (nicht zu lange, Teig klebt sonst)
	anschließend auf der bemehlten Arbeitsfläche zu einer Rolle formen
	ein Viertel des Teiges für die Verzierung beiseite legen, den Rest ausrollen und eine mit
Soja-Öl	gefettete Pizza- oder Tarte-Form (Ø 28 cm) damit auskleiden
1 Eigelb	mit
1 EL Wasser	verquirlen, den Rand damit bestreichen
	aus dem Teigrest 2 dünne Teigrollen formen und zu einer Kordel verdrehen, auf den Teigrand legen und festdrücken, mit restlichem verquirlten Eigelb bestreichen, mit Backpapier belegen, getrocknete Erbsen darauflegen und vorbacken

Ober-/Unterhitze	180–200 °C (vorgeheizt)
Heißluft	160–180 °C (nicht vorgeheizt)
Gas	etwa Stufe 3 (vorgeheizt)
Backzeit	20–25 Minuten Backpapier und Erbsen entfernen, abkühlen lassen.
	Für die Füllung
400 g Doppelrahm-Frischkäse 250 g Sahnequark je 1 Bund Dill, Petersilie, Kerbel, Schnittlauch	fein hacken, die Zutaten miteinander verrühren, mit
Kräutersalz frisch gemahlenem Pfeffer etwas Zitronensaft	pikant abschmecken, auf die Tarte geben und glattstreichen, mit
200 g Räucherlachs in Scheiben 250 g halbierten Kirschtomaten	und den restlichen Kräuterblättchen belegen und garnieren.

Lothringer Specktorte (Quiche lorraine)

	Für den Teig
150 g Weizenmehl	mit
½ gestr. TL Backpulver	mischen, in eine Rührschüssel sieben
½ TL Salz 2 EL kaltes Wasser 100 g weiche Butter oder Margarine	hinzufügen, alle Zutaten mit einem Handrührgerät mit Knethaken zuerst auf der niedrigsten, dann auf der höchsten Stufe zu einem Teig verarbeiten, anschließend auf der bemehlten Arbeitsfläche kurz durchkneten, den Teig etwa ½ Stunde kalt stellen ⅔ des Teiges auf dem gefetteten Boden einer Springform (Ø 26 cm) ausrollen, den Teigboden mehrmals mit einer Gabel einstechen den Springformboden (mit Rand) in den Backofen schieben

Ober-/Unterhitze	etwa 180 °C (vorgeheizt)
Heißluft	etwa 160 °C (nicht vorgeheizt)
Gas	etwa Stufe 3 (vorgeheizt)
Backzeit	etwa 20 Minuten.
	Für den Belag
250 g durchwachsenen Speck	in Würfel schneiden, auslassen, etwas abkühlen lassen
¼ l (250 ml) Schlagsahne	mit
4 Eiern	verschlagen, mit
¼ TL gemahlen. Kümmel	
¼ TL gemahlenem Pfeffer	würzen
	den Rest des Teiges zu einer Rolle formen, die Rolle als Rand auf den vorgebackenen Boden legen, so an die Form drücken, daß ein etwa 3 cm hoher Rand entsteht
	den Speck mit
3 EL Semmelmehl	gleichmäßig auf dem Teigboden verteilen, die Eier-Sahne darüber gießen, die Form in den Backofen schieben
Ober-/Unterhitze	etwa 180 °C (vorgeheizt)
Heißluft	etwa 160 °C (nicht vorgeheizt)
Gas	etwa Stufe 3 (vorgeheizt)
Backzeit	etwa 25 Minuten.
	die Specktorte warm servieren.

Mini-Roquefort-Tartes

1 Pck. (450 g) TK-Blätterteig	bei Zimmertemperatur, abgedeckt auftauen lassen, übereinanderlegen, etwa ½ cm dick ausrollen, Kreise (Ø 14 cm) ausstechen
	Tortelettförmchen (Ø etwa 10 cm) mit kaltem Wasser ausspülen, die Blätterteigkreise in die Förmchen geben, den Rand hochdrücken
150 g Roquefort	mit einer Gabel fein zerdrücken
1 Ei, 1 Becher (150 g) Crème fraîche	dazugeben, alles gut verrühren, die Käsemasse auf dem Teig verteilen auf dem Rost in den Backofen schieben
Ober-/Unterhitze	etwa 200 °C (vorgeheizt, unterste Schiene)
Heißluft	etwa 180 °C (nicht vorgeheizt)
Gas	Stufe 4–5 (vorgeheizt)
Backzeit	etwa 15 Minuten
	kurz abkühlen lassen.

Mangold-Quiche

	Für den Teig
300 g Weizenmehl (Type 550)	in eine Rührschüssel sieben
½ TL Salz	
200 g kalte Butter	in Flöckchen hinzufügen
6 EL kaltes Wasser	dazugeben, alle Zutaten miteinander verkneten, den Teig zur Kugel formen auf einer bemehlten Arbeitsfläche zu einer runden Teigplatte von 35 cm Durchmesser ausrollen, in eine gefettete Tarte-Form (Ø 30 cm) legen, die Ränder etwas hochdrücken, den Teigboden mit einer Gabel mehrfach einstechen.
	Für den Belag von
1 Staude Mangold (ca. 750 g)	den Wurzelansatz abschneiden, die Blätter trennen, einzeln unter fließendem Wasser gründlich waschen, Blätter von den Stielen abtrennen, Blätter je nach Größe ein- bis zweimal längs halbieren, quer in etwa 1 cm breite Streifen schneiden, in einem großen Topf Wasser mit
Salz	zum Kochen bringen, Stiele und Blätter etwa 3 Minuten darin blanchieren, gut abtropfen und abkühlen lassen, auf dem Quiche-Boden verteilen
200 g Crème fraîche	mit
100 ml Schlagsahne	
frisch gemahlenem Pfeffer	
Salz	verquirlen, über das Gemüse gießen
75 g Frühstücksspeck	in Streifen schneiden, mit
1 TL Kümmel	auf die Quiche streuen, auf der unteren Schiene in den Backofen schieben
Ober-/Unterhitze	etwa 220 °C (vorgeheizt)
Heißluft	etwa 200 °C (nicht vorgeheizt)
Gas	etwa Stufe 5 (vorgeheizt)
Backzeit	25–30 Minuten die Quiche heiß servieren.
Tip	Würzig schmeckt diese Quiche, wenn Sie sie mit viel Knoblauch (etwa 3–5 Zehen) und holländischem Ziegenkäse backen. Dazu Knoblauch abziehen, in feine Würfel schneiden, etwa 150 g holländischen Ziegenkäse reiben, beide Zutaten auf dem Mangold verteilen.

Pfannkuchentorte mit Blumenkohl

	Für die Pfannkuchen
	aus
3 Eiern	
180 g Weizenmehl	
375 ml (3/8 l) Milch	einen Teig rühren, mit
Salz, Pfeffer	würzen und mindestens 30 Minuten quellen lassen
4 EL Butterschmalz	in einer großen Pfanne zerlassen, aus dem Teig sechs bis acht Pfannkuchen backen und warm stellen.
	Für die Füllung
1 Zwiebel	und
1 Knoblauchzehe	abziehen und fein hacken
2 EL Butterschmalz	zerlassen, Zwiebel- und Knoblauchwürfel darin weichdünsten
400 g gemischtes Hackfleisch	hinzufügen und unter Wenden anbraten
3 EL Tomatenmark	
1 kleine Dose geschälte Tomaten (Einwaage etwa 400 g)	
5 EL trockener Rotwein	dazugeben, mit Salz, Pfeffer,
1 TL Oregano	
1 Lorbeerblatt	
Cayennepfeffer	würzen und etwa 30 Minuten im offenen Topf zu einer sämigen Sauce einkochen, inzwischen
1 Blumenkohl (etwa 700 g)	putzen, in Röschen teilen, waschen und in Salzwasser in 6–8 Minuten knapp gar kochen, die Röschen abtropfen lassen und in die Sauce geben, Sauce nochmals abschmecken, das Lorbeerblatt entfernen.
	Für die Béchamelsauce
250 g Butter	zerlassen
20 g Weizenmehl	hinzufügen und unter Rühren goldgelb dünsten
375 ml (3/8 l) Milch	hinzufügen und gut durchschlagen, die Sauce 5 Minuten köcheln lassen, dann
250 g frisch geriebenen Emmentaler	unterrühren
	mit
Salz, Pfeffer	

Muskat würzen, in eine runde, feuerfeste, gefettete Form einen Pfannkuchen legen, etwas Blumenkohl-Tomaten-Sauce darauf verteilen und Béchamelsauce darübergeben, mit einem Pfannkuchen bedecken, so fortfahren, bis die Zutaten eingeschichtet sind, zuletzt die restliche Béchamelsauce auf den obersten Pfannkuchen geben, die Form auf dem Rost in den Backofen schieben

Ober-/Unterhitze etwa 200 °C (vorgeheizt)
Heißluft etwa 180 °C (nicht vorgeheizt)
Gas etwa Stufe 3 (vorgeheizt)
Backzeit 15–20 Minuten.

Pikante grüne Torte

Für den Teig

200 g Weizenmehl in eine Rührschüssel sieben
Salz
4 EL kaltes Wasser
125 g Butter hinzufügen, die Zutaten mit dem Handrührgerät mit Knethaken zu einem Teig verarbeiten, anschließend auf der bemehlten Arbeitsfläche nochmals kurz durchkneten

gut die Hälfte des Teiges auf dem Boden einer umgedrehten Springform (Ø etwa 26 cm) ausrollen, den Springformrand darum geben, den restlichen Teig zu einer Rolle formen, sie als Rand auf den Boden legen, so an die Form drücken, daß ein 3–4 cm hoher Rand entsteht

den Teigboden mehrmals mit einer Gabel einstechen, die Form auf dem Rost in den Backofen schieben

Ober-/Unterhitze 200–220 °C (vorgeheizt)
Heißluft 180–200 °C (nicht vorgeheizt)
Gas Stufe 3–4 (vorgeheizt)
Backzeit etwa 15 Minuten.

Für den Belag

1 Kopf (etwa 250 g)
Endiviensalat putzen, waschen, in 1–2 cm breite Streifen schneiden, in
kochendes Salzwasser geben, zum Kochen bringen, 1mal aufkochen lassen, abgießen, gut abtropfen lassen

etwa 250 g Mangold	putzen, waschen, die Stiele abschneiden, in etwa 3 cm lange Stücke schneiden, die Mangoldblätter in 1–2 cm breite Streifen schneiden die Mangoldstiele in kochendes Salzwasser geben, zum Kochen bringen, etwa 2 Minuten kochen lassen, die Mangoldblätter hinzufügen, etwa 3 Minuten mitkochen lassen, Stiele und Blätter herausnehmen, kurz in kaltes Wasser tauchen und gut abtropfen lassen
400 g Porree	putzen, halbieren, in 1–2 cm breite Streifen schneiden, waschen, in kochendes Salzwasser geben, zum Kochen bringen, etwa 3 Minuten kochen und abgießen, abtropfen lassen
250 g durchwachsenen Speck	in Würfel schneiden
3 Eier	mit
1 Becher (150 g) Crème fraîche	verrühren, mit den Speckwürfeln zu dem Gemüse geben, vorsichtig vermengen, mit
Salz, Pfeffer	würzen die Masse auf den vorgebackenen Boden verteilen, die Form auf dem Rost in den Backofen schieben
Ober-/Unterhitze	etwa 200 °C (vorgeheizt)
Heißluft	etwa 180 °C (nicht vorgeheizt)
Gas	Stufe 3–4 (vorgeheizt)
Backzeit:	etwa 45 Minuten.

Pikante Kartoffeltorte

400 g Kartoffeln	waschen, in Wasser zum Kochen bringen, in 20–25 Minuten gar kochen, abgießen, abdämpfen, pellen, durch eine Kartoffelpresse drücken, abkühlen lassen, mit
1 Ei	
1 TL Backpulver	
4 EL Grieß	vermengen, mit
Salz, Pfeffer	
geriebener Muskatnuß	kräftig abschmecken den Teig in eine Springform (Ø 26 cm, Boden gefettet) geben und flach drücken die Form auf dem Rost in den Backofen schieben
Ober-/Unterhitze	etwa 180 °C (vorgeheizt)
Heißluft	etwa 160 °C (nicht vorgeheizt)
Gas	etwa Stufe 3 (vorgeheizt)
Backzeit	etwa 15 Minuten

1 Stange Lauch (Porree)	putzen, längs halbieren, gründlich waschen, in etwa 5 cm lange Streifen schneiden, waschen, in
kochendem Wasser	etwa 2 Minuten blanchieren, herausnehmen, abtropfen lassen
250 g Kartoffeln	waschen, schälen, abspülen, in sehr dünne Scheiben schneiden
100 g durchwachsenen Speck	fein würfeln, den Boden fächerförmig mit den Kartoffelscheiben belegen, die Lauchstreifen daraufgeben, die Speckwürfel darüberstreuen
2 Eier	mit
250 ml (1/4 l) Milch	verschlagen, mit Salz und Muskatnuß verquirlen, über die Kartoffeltorte gießen, nochmals in den Backofen schieben
Ober-/Unterhitze	etwa 180 °C (vorgeheizt)
Heißluft	etwa 160 °C (nicht vorgeheizt)
Gas	etwa Stufe 3 (vorgeheizt)
Backzeit	etwa 25 Minuten.

Pikanter Gemüsekuchen

(Foto Seite 139)

	Für den Belag
150 g Möhren	putzen, schälen, evtl. längs halbieren
200 g Zucchini	putzen, die Enden abschneiden, waschen beide Zutaten in Scheiben schneiden
200 g vorbereiteten Brokkoli	putzen, waschen, Stengel kurz unterhalb der Röschen abschneiden, in Streifen schneiden Gemüse nacheinander in
500 ml (1/2 l) Salzwasser	gar kochen (Möhren und Brokkoli jeweils 3 Minuten, Zucchini 1 Minute), herausnehmen, abkühlen lassen
6 mittelgroße Tomaten	kurze Zeit in kochendes Wasser legen (nicht kochen lassen), in kaltem Wasser abschrecken, enthäuten, die Stengelansätze herausschneiden Deckel am Stielende abschneiden, das Innere der Tomaten herausholen (anderweitig verwenden)
2 Scheiben Kochschinken	und
150 g Gouda Käse	würfeln.

	Für den Quark-Ölteig
200 g Weizenmehl	mit
4 gestr. TL Backpulver	mischen, in eine Rührschüssel sieben
100 g Speisequark	
40 ml Milch	
40 ml Speiseöl	
1 Ei	
½ gestr. TL Salz	hinzufügen und mit einem Handrührgerät mit Knethaken auf höchster Stufe in etwa 1 Minute zu einem Teig verarbeiten (nicht zu lange, Teig klebt sonst), Teig auf gefettetem Springformboden (Ø 28 cm) ausrollen, so an den Seiten hochdrücken, daß ein 3–4 cm hoher Rand entsteht
	Tomaten innen salzen und pfeffern, auf den Teigboden geben, die Hälfte des Gemüses darum verteilen, mit Schinken- und Käsewürfeln bestreuen, mit restlichem Gemüse bedecken
	von
6 Eiern	jeweils 1 Eigelb und so viel Eiweiß in die Tomaten geben, daß sie knapp gefüllt sind, restliches Eiweiß
	mit
2 Eiern	
100 ml Milch	
1 Becher (125 g) Crème fraîche mit frischen Kräutern	verrühren, mit
Kräuter-Gewürzsalz	
Salz	
Pfeffer	
Muskatnuß	abschmecken, Masse vorsichtig über das Gemüse geben, die Form auf dem Rost in den Backofen (ins untere Drittel) schieben
Ober-/Unterhitze	180–200 °C (vorgeheizt)
Heißluft	160–180 °C (nicht vorgeheizt)
Gas	Stufe 3–4 (nicht vorgeheizt)
Backzeit	50–60 Minuten
	nach etwa 40 Minuten Backzeit Kuchen (nicht die Tomaten) mit
50 g geraspeltem Gouda-Käse	bestreuen
	den garen Kuchen 10 Minuten vor dem Anschneiden stehenlassen.

Pikanter Kuchen mit Mangold

(Foto Seite 140)

	Für den Teig
225 g Weizen, fein geschrotet	in eine Rührschüssel sieben, eine Mulde eindrücken
3–4 EL saure Sahne	
Meersalz	hineingeben
150 g Butter oder Margarine	in Flöckchen auf den Rand verteilen, alles zu einem Teig verarbeiten, abgedeckt etwa 20 Minuten kühlstellen knapp ⅔ des Teiges auf einem gefetteten Springformboden ausrollen, Springformrand herumlegen und auf dem Rost in den Backofen schieben
Ober-/Unterhitze	etwa 220 °C (vorgeheizt)
Heißluft	etwa 200 °C (nicht vorgeheizt)
Gas	Stufe 3–4 (vorgeheizt)
Backzeit	etwa 10 Minuten aus dem restlichen Teig eine Rolle formen, sie als Rand auf den vorgebackenen Teig legen und einen Rand von 3 cm hochdrücken.
	Für den Belag
1 Staude Mangold (etwa 600 g)	putzen, gut waschen, Stiele der Länge nach halbieren, zusammen mit den Blättern in etwa 1 cm breite Streifen schneiden, einige Minuten in wenig Wasser dünsten, gut abtropfen und etwas auskühlen lassen, auf dem vorgebackenen Teig verteilen
2–3 Eier	mit
150 ml saurer Sahne	
100 ml Schlagsahne	verquirlen, mit
Salz	
schwarzem Pfeffer	und
Muskat	abschmecken, über das Gemüse gießen und bei gleicher Temperatureinstellung in etwa 30 Minuten fertig backen.

Porree-Zwiebel-Kuchen

	Für den Teig
250 g Weizenvollkornmehl	in eine Rührschüssel geben, mit
1 Pck. Trockenhefe	sorgfältig mischen
1 TL gemahlenen Kümmel	
1 TL Meersalz	
50 g geriebenen Emmentaler Käse	
1 Ei	
40 g zerlassene, abgekühlte Butter	
80 ml lauwarmes Wasser	hinzufügen, die Zutaten mit einem Handrührgerät mit Knethaken zunächst auf niedrigster, dann auf höchster Stufe in etwa 5 Minuten zu einem glatten Teig verarbeiten, den Teig an einem warmen Ort so lange stehenlassen, bis er sich sichtbar vergrößert hat, ihn dann nochmals durchkneten ⅔ des Teiges auf dem Boden einer gefetteten Springform (Ø etwa 28 cm) ausrollen, den Rest des Teiges zu einer Rolle formen, sie als Rand auf den Teigboden legen, so an die Form drücken, daß ein 2–3 cm hoher Rand entsteht.
	Für den Belag
40 g Butter	in der Pfanne erhitzen
250 g Zwiebeln	schälen, waschen, in Ringe schneiden
500 g Porree	putzen, waschen, in Ringe schneiden, in der heißen Butter andünsten
3 EL Wasser	
1 TL Instant Klare Brühe	
½ TL Curry	
½ TL gemahl. Majoran	
1½ TL gemahlenen Thymian	
¼ TL gemahlenen schwarzen Pfeffer	
¼ TL Meersalz	hinzufügen, mit der Porree-Zwiebel-Masse verrühren, auskühlen lassen
100 g geriebenen Emmentaler Käse	unter die Masse rühren, auf den Teig verteilen
2 Eier	mit

150 g Crème fraîche	
¼ TL Kräutersalz	verrühren, über die Gemüsemasse verteilen, die Form auf dem Rost in den Backofen schieben
Ober-/Unterhitze	etwa 200 °C (vorgeheizt)
Heißluft	etwa 180 °C (nicht vorgeheizt)
Gas	Stufe 3–4 (vorgeheizt)
Backzeit	etwa 40 Minuten.

Quiche Lorraine auf schnelle Art

1 Packung (450 g)	
TK-Blätterteig	nach Packungsanleitung auftauen lassen, sie dann dünn ausrollen, 12 Teigplatten (Ø etwa 12 cm) ausstechen, 12 mit
Butter oder Margarine	gefettete Tortelett-Förmchen (Ø etwa 10 cm) damit auslegen.
	Für den Belag
250 g Emmentaler-Käse	
150 g durchwachsener Speck	beide Zutaten in kleine Würfel schneiden, gleichmäßig auf die Förmchen verteilen
3 Eier	mit
1 Becher (150 g) Crème fraîche	
6 EL Milch	verschlagen, mit
gemahlenem Pfeffer	
Cayennepfeffer	
geriebener Muskatnuß	abschmecken, die Masse über Käse und Speck geben, die Förmchen auf dem Backblech in den Backofen schieben
Ober-/Unterhitze	etwa 200 °C (vorgeheizt, unterste Schiene)
Heißluft	etwa 180 °C (nicht vorgeheizt)
Gas	etwa Stufe 4 (vorgeheizt)
Backzeit	etwa 20 Minuten die fertigen Speckkuchen etwas abkühlen lassen, aus den Förmchen nehmen, warm servieren.
Tip	Die Quiche Lorraine kann auch in einer Springform (Ø etwa 26 cm) gebacken werden, dann verlängert sich die Backzeit auf 45 Minuten.

Quiche Lorraine

	Für den Teig
250 g Weizenmehl (Type 550)	in eine Rührschüssel sieben
1 Eigelb	
1 gestr. TL Salz	
4 EL kaltes Wasser	hineingeben
125 g kalte Butter	in Stücke schneiden, darauf geben mit Handrührgerät mit Knethaken zu einem Teig verarbeiten, anschließend auf der bemehlten Arbeitsfläche nochmals kurz durchkneten, Teig 30 Minuten ruhen lassen
	gut ⅔ des Teiges zu einer Platte (Ø 26 cm) ausrollen, in eine Springform (Ø 24 cm, Boden gefettet) legen
	Teigboden mehrmals mit einer Gabel einstechen, den Teig vorbacken
Ober-/Unterhitze	200–220 °C (vorgeheizt)
Heißluft	180–200 °C (nicht vorgeheizt)
Gas	Stufe 4–5 (vorgeheizt)
Backzeit	etwa 10 Minuten
	den Rest des Teiges zu einer Rolle formen, sie auf den Rand legen, hochdrücken, so daß ein etwa 2 cm hoher Rand entsteht
80 g Maasdamer	in feine Scheiben schneiden
120 g durchwachsenen Speck	würfeln, andünsten, mit dem Käse
125 ml (¼ l) Schlagsahne	
4 Eiern	verrühren, die Masse mit
Salz	
frisch gemahlenem Pfeffer	
geriebener Muskatnuß	würzen, auf dem vorgebackenen Boden verteilen
Ober-/Unterhitze	etwa 200 °C (vorgeheizt)
Heißluft	etwa 180 °C (nicht vorgeheizt)
Gas	etwa Stufe 4 (vorgeheizt)
Backzeit	etwa 25 Minuten.

Spinat-Pinien-Torte, Rezept Seite 161

Vollkorn-Kranz, Rezept Seite 164

Zwiebelkuchen einmal anders, Rezept Seite 165

Blechkuchen mit Rahmsauerkraut und Kümmel-Tilsiter, Rezept Seite 169

Spinat-Pinien-Torte

(Foto Seite 157)

	Für den Teig
400 g Weizenmehl	in eine Rührschüssel sieben
150 ml lauwarmes Wasser	
100 ml Speiseöl	
1 Ei	
1 gestr. TL Salz	hinzufügen
	die Zutaten mit Handrührgerät mit Knethaken zunächst kurz auf niedrigster, dann auf höchster Stufe gut durcharbeiten, anschließend auf der Arbeitsfläche zu einem glatten Teig verkneten
	den Teig auf Backpapier in einen heißen, trockenen Kochtopf legen (vorher Wasser darin kochen), mit einem Deckel verschließen, etwa 30 Minuten ruhen lassen.
	Für die Füllung
1200 g TK-Blattspinat	in einem Topf auf niedrigster Stufe auftauen lassen, in einem Sieb ausdrücken und fein hacken
300 g Zwiebeln	abziehen, in Würfel schneiden, in
2 EL Speiseöl	mit
40 g Pinienkernen	andünsten
	Spinat mit
Salz, Muskat	abschmecken
200 g Frischkäse (70 % i. d. Tr.) oder 100 g Speisequark	
75 g geriebenen Parmesan	unter die lauwarme Masse mischen
	eine Springform mit
1 EL Öl	einfetten, den Teig in 6 Portionen aufteilen
	eine Portion auf Springformgröße sehr dünn ausrollen, so daß sie 1–2 cm über den Rand lappt, den Teig mit Öl bepinseln und mit ¼ von
100 g rohen Schinkenscheiben	belegen
	aus weiteren 3 Portionen jeweils einen Boden auf Springformgröße ausrollen und abwechselnd mit den Schinkenscheiben in der Form übereinanderschichten
2 EL geriebenen Parmesan	und die Spinatfüllung auf den Teigboden geben
	mit einem Eßlöffel 6 Vertiefungen in die Füllung drücken, in jede Vertiefung 1 von

6 rohen Eiern gleiten lassen und mit
1 EL geriebenem Parmesan bestreuen
den fünften Teil des Teiges ausrollen und die Füllung mit der Teigplatte zudecken
aus dem restlichen Teig 12 kleine Dreiecke zur Deko ausschneiden, diese werden sonnenförmig auf die Teigplatte gelegt, zwei dünne Teigrollen, die miteinander verdreht werden, auf den Teigrand setzen
1 Eigelb mit
1 EL Schlagsahne verschlagen, die Torte mit damit bestreichen und mit
20 g Pinienkernen bestreuen
die Form auf dem Rost in den Backofen schieben
Ober-/Unterhitze 180–200 °C (vorgeheizt)
Heißluft 160–180 °C (nicht vorgeheizt)
Gas Stufe 3–4 (vorgeheizt)
Backzeit 50–60 Minuten
gegen Ende der Backzeit die Torte evtl. mit Alufolie abdecken, lauwarm servieren.

Tomaten-Kuchen

Für den Teig
250 g Weizenmehl mit
1 Msp. Backpulver mischen, in eine Rührschüssel sieben
250 g kalte Butter in Stücke schneiden, darauf sieben, mit Mehl bedecken
250 g Speisequark, Magerstufe hinzufügen, von der Mitte aus alle Zutaten schnell zu einem glatten Teig verkneten, zu einem Rechteck ausrollen, zusammenklappen, in Alufolie wickeln, einige Zeit kalt stellen
nach einer Stunde den Teig wieder ausrollen, zusammenklappen, in Alufolie wickeln, wieder kalt stellen, diesen Vorgang noch zweimal wiederholen
den Teig auf dem Boden einer gefetteten Springform (Ø 28 cm) ausrollen, am Rand etwa 2 cm hochdrücken

Für den Belag
1 kg Fleischtomaten waschen, abtrocknen, die Stengelansätze herausschneiden, die Tomaten in Scheiben schneiden
200 g gekochten Schinken in Würfel schneiden, auf dem Boden verteilen, die Tomatenscheiben schuppenartig darauf anordnen, mit

Salz, Pfeffer, Kräutern der Provence	bestreuen
1 Zwiebel	abziehen, fein reiben
1 Knoblauchzehe	abziehen, zerdrücken
1 Becher (150 g) Crème fraîche	mit der Zwiebel und dem Knoblauch sowie
2 Eiern	verrühren, mit Salz, Pfeffer würzen, über die Tomatenscheiben verteilen, die Form auf dem Rost in den Backofen – unterste Schiene – schieben
Ober-/Unterhitze	etwa 200 °C (vorgeheizt)
Heißluft	etwa 180 °C (nicht vorgeheizt)
Gas	etwa Stufe 3 (vorgeheizt)
Backzeit	etwa 1 Stunde.

Tomaten-Tarte

750 ml (¾ l) Gemüsebrühe	zum Kochen bringen, mit
150 g Maisgrieß	verrühren, aufkochen, bei schwacher Hitze in 15 Minuten ausquellen lassen
2 rote Paprikaschoten (400 g)	putzen, halbieren, Kerne und weiße Scheidewände entfernen, Schoten waschen, fein würfeln
1 Zwiebel	abziehen, in Würfel schneiden
1 Stange Porree (200 g)	putzen, gründlich waschen, in Ringe schneiden
1 Knoblauchzehe	abziehen, fein hacken
3 EL Olivenöl	erhitzen, Paprika, Zwiebel, Porree, Knoblauch darin andünsten, mit
1 TL Paprika edelsüß	
½ TL Majoran	würzen, etwa 10 Minuten dünsten lassen, mit
300 g Magerquark	unter den Maisbrei rühren, eine Tarte-Form (Ø 30 cm) aus Keramik ausfetten, Mais-Gemüsebrei hineindrücken
1 kg Fleischtomaten	waschen, Stengelansätze entfernen, Tomaten in Scheiben schneiden, auf dem Mais-Gemüse-Boden verteilen
40 g Vollkornbrotbrösel	auf die Tomaten streuen, mit
2 EL Olivenöl	beträufeln
	Form auf dem Rost in den Backofen schieben
Ober-/Unterhitze	etwa 220 °C (vorgeheizt)
Heißluft	etwa 200 °C (nicht vorgeheizt)
Gas	Stufe 4–5 (vorgeheizt)
Backzeit	etwa 20 Minuten
	Tomaten-Tarte mit
saurer Sahne	servieren.

Vollkorn-Kranz

(Foto Seite 158)

500 g Vollkornmehl	in eine Rührschüssel sieben, mit
1 Pck. Trockenhefe	sorgfältig vermischen
75 g Honig	
½ gestr. TL Salz	
2 Eier	
125 ml (⅛ l) lauwarme Milch	
100 g zerlassene, abgekühlte Butter	hinzufügen, die Zutaten mit Handrührgerät mit Knethaken zunächst auf niedrigster, dann auf höchster Stufe in etwa 5 Minuten zu einem Teig verarbeiten den Teig zugedeckt so lange an einem warmen Ort stehenlassen, bis er sich sichtbar vergrößert hat (etwa 20 Minuten), ihn leicht mit Mehl bestäuben, aus der Schüssel nehmen, auf der Arbeitsfläche nochmals kurz durchkneten eine Kranzform gut fetten jeweils ⅓ der Form mit
Leinsaat	
Sesamsaat	
Sonnenblumenkernen	ausstreuen den Teig vorsichtig in die Form geben, glattstreichen und einschneiden Kranz nochmals gehen lassen (etwa 30 Minuten), dann auf dem Rost in den Backofen schieben
Ober-/Unterhitze	200–220 °C (vorgeheizt)
Heißluft	180–200 °C (nicht vorgeheizt)
Gas	Stufe 4–5 (vorgeheizt)
Backzeit	70–80 Minuten.
Tip	Wer keine Kranzform hat, kann eine Kastenform (11 x 35 cm) verwenden.

Zwiebelkuchen einmal anders

(Foto Seite 159)

	Für den Teig
250 g Weizenmehl	in eine Rührschüssel sieben
125 g kalte Butter	
3 EL kaltes Wasser	
1 gestr. TL Salz	hinzufügen, die Zutaten mit Handrührgerät mit Knethaken zunächst kurz auf niedrigster, dann auf höchster Stufe gut durcharbeiten, anschließend auf der Arbeitsfläche zu einem glatten Teig verkneten, 1 Stunde im Kühlschrank ruhen lassen.
	Für den Belag
800 g Gemüsezwiebeln	abziehen, halbieren, in Scheiben schneiden, in
3 EL Speiseöl	goldgelb dünsten, mit
3–4 EL Sojasauce	ablöschen, etwas abkühlen lassen
80 g durchwachsenen Speck	in Streifen schneiden
250 g Crème fraîche	mit
100 ml Milch	
2 Eiern	verrühren, mit
Pfeffer	würzen, eine gefettete Quiche-Form mit dem Teig auskleiden, Zwiebeln darauf geben, Speck darüberstreuen, Crème-fraîche-Ei-Masse darübergeben und mit
Kümmel	würzen
	die Form auf dem Rost in den Backofen schieben
Ober-/Unterhitze	etwa 200 °C (vorgeheizt)
Heißluft	etwa 180 °C (nicht vorgeheizt)
Gas	Stufe 3–4 (vorgeheizt)
Backzeit	etwa 45 Minuten
	die Quiche mit
Thymianblättchen	garnieren und warm servieren.

Zwiebel-Lauch-Kuchen

4 Personen

	Für den Teig
250 g Weizenvollkornmehl	in eine Rührschüssel geben, mit
1 Pck. Trockenhefe	sorgfältig mischen
1 TL gemahlenen Kümmel	
70 g geriebenen Emmentaler Käse	

1 TL Meersalz	
60 ml lauwarmes Wasser	
1 Ei	
50 g zerlassene, abgekühlte Butter	hinzufügen
	alle Zutaten mit Handrührgerät mit Knethaken zu einem Teig verarbeiten, an einem warmen Ort so lange gehen lassen, bis er sich sichtbar vergrößert hat, aus der Schüssel nehmen, auf der bemehlten Arbeitsfläche nochmals kurz durchkneten
	⅔ des Teiges auf dem gefetteten Boden einer Springform (Ø etwa 28 cm) ausrollen, den Rest des Teiges zu einer Rolle formen, sie als Rand auf den Teigboden legen, so an die Form drücken, daß ein 2–3 cm hoher Rand entsteht.
	Für den Belag
150 g Zwiebeln	abziehen, waschen, in dünne Ringe schneiden, in
40 g Butter	glasig dünsten
200 g Lauch	putzen, waschen, in Ringe schneiden
4 EL Wasser	
1 TL Instant-Klare Brühe	hinzufügen, die Zutaten etwa 6 Minuten dünsten
1 TL frischen Majoran	
2 TL frischen Thymian	
½ TL frischen Rosmarin	fein hacken
1 Msp. weißen Pfeffer	
Meersalz	dazugeben, pikant abschmecken, etwas abkühlen lassen, von
120 g geriebenen Gouda-Käse	die Hälfte auf den Boden der Springform verteilen, das abgekühlte Gemüse darüber verteilen
80 g geröstete Erdnüsse	und den restlichen Käse darüber verteilen.
	Für den Guß
4 Eier	
1 Becher (150 g) Crème fraîche	
1 TL Kräutersalz	miteinander verrühren, über die Masse gießen, die Form auf dem Rost in den Backofen schieben
Ober-/Unterhitze	etwa 200 °C (vorgeheizt, unterste Schiene)
Heißluft	etwa 180 °C (nicht vorgeheizt)
Gas	Stufe 3–4 (vorgeheizt)
Backzeit	etwa 45 Minuten.

Quiche vom Blech

Blechkuchen mit Rahmsauerkraut und Kümmel-Tilsiter

(Foto Seite 160)

	Für den Teig
300 g Weizenmehl	in eine Rührschüssel sieben
125 g weiche Butter	
1 Ei, 2–3 EL Milch	
1 Prise Salz	hinzufügen, mit Handrührgerät mit Knethaken zu einem Teig verarbeiten, anschließend auf der Arbeitsfläche zu einem glatten Teig verarbeiten, abgedeckt im Kühlschrank 1 Stunde ruhen lassen.
	Für den Belag
600 g Sauerkraut (aus der Dose)	gut ausdrücken
200 g durchwachsenen Speck	fein würfeln, in
1 EL heißem Öl	knusprig braten
	Sauerkraut hinzufügen, mit
4 EL Apfelsaft	
125 ml (½ l) Gemüsebrühe	ablöschen und 5 Minuten abgedeckt dünsten, mit
1 EL mittelscharfem Senf	
etwas Paprika edelsüß	würzen
200 ml Schlagsahne	hinzufügen und offen 3–4 Minuten dicklich einkochen lassen, mit
Salz, Zucker	
Cayennepfeffer	abschmecken und ganz auskühlen lassen
1 Bund Schnittlauch	waschen, in Röllchen schneiden und mit
2 Eiern	unter die ausgekühlte Masse heben
	den Knetteig auf ein gefettetes Backblech (38 x 28 cm) ausrollen, mit einer Gabel gleichmäßig einstechen und die Sauerkrautmasse darauf verteilen
250 g deutschen Tilsiter mit Kümmel	in Stücke zupfen, auf dem Blechkuchen verteilen, das Blech auf unterster Schiene in den Backofen schieben, goldgelb backen
Ober-/Unterhitze	etwa 200 °C (vorgeheizt)
Heißluft	etwa 180 °C (nicht vorgeheizt)
Gas	etwa Stufe 4 (vorgeheizt)
Backzeit	etwa 30 Minuten.
Tip	Dazu einen Tomatensalat reichen.

Blütenbrot »Viererlei«

(Foto Seite 178)

500 g Weizen-Vollkorn-mehl	in eine Rührschüssel sieben, mit
2 Pck. Trockenhefe	sorgfältig vermischen
75 g Honig	
2 gestr. TL Salz	
2 Eier	
200 ml lauwarmes Wasser	
4 EL Speiseöl	hinzufügen, die Zutaten mit Handrührgerät mit Knethaken zunächst auf niedrigster, dann auf höchster Stufe in etwa 5 Minuten zu einem Teig verarbeiten den Teig zugedeckt so lange an einem warmen Ort stehenlassen, bis er sich sichtbar vergrößert hat (etwa 20 Minuten), ihn leicht mit Mehl bestäuben, aus der Schüssel nehmen, auf der Arbeitsfläche nochmals kurz durchkneten, in 4 Stücke schneiden, unter das erste Teigstück
100–125 g Rosinen	kneten, unter das zweite
125 g kleingeschnittene getrocknete Aprikosen	kneten, unter das dritte
70 g gehackte Haselnuß-kerne	kneten, unter das vierte Teigstück
25 g gehackte Pistazien-kerne	und
50 g Korinthen	kneten, jedes Teigstück zu einem ovalen Blütenblatt formen auf einem gefetteten Backblech zu einer »Blüte« zusammenlegen, die »Teigblüte« nochmals so lange an einem warmen Ort stehenlassen, bis sie sich sichtbar vergrößert hat mit
etwas Milch	bestreichen, die Oberfläche jedes Blütenblattes mehrmals mit einer Schere einschneiden, in den Backofen schieben
Ober-/Unterhitze	180–200 °C (vorgeheizt)
Heißluft	160–180 °C (nicht vorgeheizt)
Gas	Stufe 3–4 (vorgeheizt)
Backzeit	etwa 35 Minuten.

Empanadas (Spanische Teigtäschchen)

	Für den Teig
200 g Weizenvollkornmehl	mit
100 g Maismehl	
150 g Butter	
1 Ei	
5–6 EL Wasser	
½ TL Salz	zu einem festen Teig verkneten
	bei Zimmertemperatur etwa 1 Stunde ruhen lassen.
	Für die Füllung
1 Zwiebel	abziehen, würfeln
2 Knoblauchzehen	abziehen, fein würfeln
250 g Fleischtomaten	kurze Zeit in heißes Wasser legen (nicht kochen), in kaltem Wasser abschrecken, enthäuten, die Stengelansätze herausschneiden, die Tomaten in Würfel schneiden
10 schwarze Oliven	entsteinen, fein hacken
100 g alten Gouda	fein reiben
2 EL Olivenöl	erhitzen, Zwiebeln darin anbraten, Knoblauch, Tomaten, Oliven
1 Tasse (250 ml) rote Bohnenkeime	
2 EL Tomatenmark	dazugeben, verrühren, in etwa 10 Minuten zu einer sämigen Masse dünsten lassen, mit einem Kartoffelstampfer etwas zerdrücken, mit dem Käse,
1 gehackten Peperonischote	
2 EL gehackter Petersilie	verrühren, mit
Salz	
frisch gemahlenem Pfeffer	abschmecken
	den Teig etwa 5 mm dick ausrollen, einen Kreis von etwa 12 cm Durchmesser ausstechen, die Füllung jeweils in die Mitte geben, Kreise zu Halbkreisen zusammenklappen, die Ränder andrücken
1 Eigelb	mit
1 EL Milch	verschlagen, die Teigtäschchen mit der Eigelbmilch bestreichen, auf ein gefettetes Backblech legen
Ober-/Unterhitze	etwa 200 °C (vorgeheizt)
Heißluft	etwa 180 °C (nicht vorgeheizt)
Gas	Stufe 3–4 (vorgeheizt)
Backzeit	15–20 Minuten
	die Empanadas heiß oder kalt servieren.

Gemüse-Quiche

	Für den Hefeteig
350 g Weizenmehl	in eine Rührschüssel sieben, mit
1 Pck. Trockenhefe	sorgfältig mischen
1 TL Zucker	
½ gestr. TL Zucker	
4 EL Speiseöl	
200 ml lauwarmes Wasser	hinzufügen und mit Handrührgerät mit Knethaken zunächst auf niedrigster Stufe, dann auf höchster Stufe in etwa 5 Minuten zu einem Teig verarbeiten den Teig zugedeckt so lange an warmem Ort stehenlassen, bis er sich sichtbar vergrößert hat
100 g geraspelten Gouda	unter den gegangenen Teig kneten Teig nochmals kurz durchkneten, ihn in einer gefetteten Fettfangschale ausrollen, an allen Seiten etwas hochdrücken.
	Für den Belag
1 Dose (400 g) pürierte Tomaten	auf den Teig verstreichen, mit
Salz	
frisch gemahlenem Pfeffer	
Oregano	bestreuen
3 rote Zwiebeln	abziehen, in Scheiben schneiden
200 g Zucchini	putzen, die Enden abschneiden, waschen und in Scheiben schneiden
150 Creme-Champignons	putzen, mit Küchenpapier abreiben und in Scheiben schneiden
1 gelbe Paprikaschote	vierteln, entkernen, den Stiel und die weißen Scheidewände entfernen, Paprikahälften waschen und in Streifen schneiden
4 EL Olivenöl	in einer Pfanne erhitzen, das Gemüse darin andünsten, mit Salz, Pfeffer und Oregano würzen
250 g Tomaten	waschen, Stengelansätze entfernen, Tomaten in Scheiben schneiden, mit dem gedünsteten Gemüse und
150 g grob geriebenem Emmentaler	auf dem Teig verteilen, einen Streifen Alufolie vor den Teig legen
250 ml (¼ l) Schlagsahne	mit
4 Eiern	verquirlen, mit Salz, Pfeffer und

Paprika edelsüß abschmecken und über das Gemüse geben, in den Backofen schieben
Ober-/Unterhitze etwa 200 °C (vorgeheizt)
Heißluft etwa 180 °C (nicht vorgeheizt)
Gas Stufe 3–4 (nicht vorgeheizt)
Backzeit 25–30 Minuten.
Tip: Nach Belieben mit Oliven belegen.

Gemüsestrudel mit Joghurt-Sauce

(Foto Seite 177)

Für die Füllung
250 g Wirsing in einzelne Blätter teilen, große Rippen entfernen und blanchieren
1 Zwiebel abziehen, hacken
1 rote Paprika putzen, waschen, in Streifen schneiden
1 Knoblauchzehe fein hacken
alle Zutaten in
4 EL Öl andünsten
4 EL Sojasauce hinzufügen
2 Karotten
150 g Knollensellerie
2 kleine Zucchini waschen, putzen, in feine Streifen schneiden, dazugeben und mitdünsten
1 Pck. (400 g)
TK-Blätterteig nach Packungsanleitung bei Zimmertemperatur auftauen lassen, auf einer bemehlten Arbeitsfläche (40 x 50 cm) ausrollen, Wirsingblätter darauf ausbreiten und das Gemüse darauf verteilen
250 g Mozzarella in Stücke schneiden, über das Gemüse geben
den Strudel einrollen, die Enden zusammendrücken, mit
1 Eigelb bestreichen, auf ein mit Backpapier belegtes Backblech legen, in den Backofen schieben
Ober-/Unterhitze etwa 220 °C (vorgeheizt)
Heißluft etwa 200 °C (nicht vorgeheizt)
Gas etwa Stufe 5 (vorgeheizt)
Backzeit etwa 10 Minuten
dann den Backofen zurückschalten und weiterbacken
Ober-/Unterhitze etwa 180 °C (vorgeheizt)
Heißluft etwa 160 °C (nicht vorgeheizt)
Gas etwa Stufe 4 (vorgeheizt)
Backzeit etwa 25 Minuten

1 Becher (150 g)	
Crème fraîche	mit
150 g Joghurt	verrühren, mit
Salz, Pfeffer	abschmecken
1 Bund Schnittlauch	waschen, fein schneiden, unter die Sauce ziehen
	Strudel und Sauce zusammen anrichten.

Hessischer Speckkuchen

	Für den Teig
375 g Roggenmehl	in eine Schüssel geben, mit
1 Pck. Trockenhefe	sorgfältig vermischen
1 TL Zucker	
1 gestr. TL Salz	
4 EL Speiseöl	
250 ml (1/4 l)	
lauwarmes Wasser	hinzufügen, alles mit einem Handrührgerät mit Knethaken zuerst auf der niedrigsten, dann auf der höchsten Stufe in etwa 5 Minuten zu einem Teig verarbeiten
	Teig an einem warmen Ort so lange stehenlassen, bis er sich sichtbar vergrößert hat, ihn dann auf der bemehlten Arbeitsfläche nochmals gut durchkneten, auf einem mit
Butter oder Margarine	gefetteten Backblech ausrollen.
	Für den Belag
4 Brötchen (Semmeln)	in kaltem Wasser einweichen, gut ausdrücken, mit
250 g Magerquark	
2 Bechern (300 g)	
Crème fraîche	
3 Eigelb, 1 TL Kümmel	
3 EL gehackten Kräutern	
(Petersilie, Schnittlauch,	
Dill, Estragon)	verrühren, mit
Salz, Pfeffer	würzen
625 g mageren,	
durchwachsenen Speck	in Würfel schneiden, unterrühren
3 Eiweiß	steif schlagen, unterheben
	den Belag gleichmäßig auf dem Teig verteilen, vor den Teig ein mehrfach umgeknicktes Stück Alufolie legen, den Teig nochmals so lange an einem warmen Ort stehenlassen, bis er sich sichtbar vergrößert hat, dann in den Backofen schieben

Ober-/Unterhitze	etwa 200°C (vorgeheizt)
Heißluft	etwa 180°C (nicht vorgeheizt)
Gas	Stufe 3–4 (vorgeheizt)
Backzeit	30–35 Minuten.

Paprika-Zucchini-Kuchen

	Für den Hefeteig
375 g Weizenmehl	in eine Rührschüssel sieben und mit
1 Pck. Trockenhefe	sorgfältig vermischen
1 TL Zucker	
1 gestr. TL Salz	
4 EL Speiseöl	
250 ml (¼ l)	
lauwarmes Wasser	hinzufügen und mit dem Handrührgerät mit Knethaken zunächst auf niedrigster, dann auf höchster Stufe in etwa 5 Minuten zu einem glatten Teig verarbeiten, den Teig abgedeckt an einem warmen Ort so lange stehenlassen, bis er sich sichtbar vergrößert hat.
	Für den Belag
200 g passierte Tomaten	
(aus der Packung)	mit
Salz, Pfeffer	
1 TL gerebeltem Rosmarin	
1 Msp. gemahlenem	
Kreuzkümmel	verrühren
1 Zucchini	waschen, den Stengelansatz abschneiden und in Scheiben schneiden
je 1 rote und gelbe	
Paprikaschote	halbieren, entstielen, entkernen, die weißen Scheidewände entfernen, waschen und in Streifen schneiden
3 Zwiebeln	abziehen und in Ringe schneiden
2 EL Olivenöl	erhitzen, das Gemüse 5–10 Minuten darin andünsten und mit Salz und Pfeffer würzen, abkühlen lassen den Teig nochmals durchkneten und auf einem gefetteten Backblech ausrollen, die Tomatenmischung daraufstreichen, das Gemüse darübergeben und mit
1 Dose (120 g)	
abgetropften Sardinen	und
1 Glas (185 g)	
schwarzen Oliven	belegen, den Gemüsekuchen mit

250 g gerieb. Pizza-Käse	bestreuen, das Backblech in den Backofen schieben
Ober-/Unterhitze	etwa 200 °C (vorgeheizt)
Heißluft	etwa 180 °C (nicht vorgeheizt)
Gas	etwa Stufe 4 (vorgeheizt)
Backzeit	etwa 30 Minuten.

Pikante Blätterteig-Käse-Torte

1 Pck. (450 g) TK-Blätterteig	nach Packungsanleitung abgedeckt auftauen lassen, dünn ausrollen und 4 Platten (Ø 27 cm) ausrollen jeweils 2 Böden auf ein kalt abgespültes Backblech legen, mehrmals mit einer Gabel einstechen, etwa 15 Minuten stehenlassen, erst dann in den Backofen schieben
Ober-/Unterhitze	200–220 °C (vorgeheizt)
Heißluft	180–200 °C (nicht vorgeheizt)
Gas	Stufe 4–5 (vorgeheizt)
Backzeit	etwa 10 Minuten die Böden sofort nach dem Backen mit einem Messer vorsichtig vom Backblech lösen, erkalten lassen.
	Für die Füllung
400 g Doppelrahm-Frischkäse	mit
Salz, 1 gestr. TL mexikanischem Pfeffer	würzen
125 ml (1/8 l) Schlagsahne	steif schlagen, unterheben, gut 1/4 der Käsecreme in einen Spritzbeutel mit gezackter Tülle füllen unter 1/3 der restlichen Creme
2 hartgekochte, kleingeschnittene Eier	rühren, unter die Hälfte der restlichen Creme
2 EL gehackte Kräuter	rühren, unter die restliche Creme
75 g gekochten, feingewürfelten Schinken	rühren, die drei Füllungen mit
Salz, Pfeffer	abschmecken den unteren Blätterteigboden mit der Schinkenkäsecreme bestreichen, mit dem 2. Boden bedecken, vorsichtig andrücken, mit der Kräutercreme bestreichen, mit dem 3. Boden bedecken, mit der Eiercreme bestreichen, mit dem 4. Boden bedecken, die Torte mit der Creme aus dem Spritzbeutel verzieren, mit
Kräutern	garnieren.

Gemüsestrudel mit Joghurt-Sauce, Rezept Seite 173

Blütenbrot „Viererlei", Rezept Seite 170

Pikanter Fisch-Gemüse-Kuchen, Rezept Seite 181

Würziger Weinkäse mit Sherry-Champignons, Rezept Seite 187

Pikanter Fisch-Gemüse-Kuchen

(Foto Seite 179)

	Für den Knetteig
250 g Weizenmehl	in eine Rührschüssel sieben
150 g Butter	
1 Becher (150 g) Crème fraîche	hinzufügen und mit dem Handrührgerät mit Knethaken zunächst auf niedrigster, dann auf höchster Stufe gut durcharbeiten anschließend auf der Arbeitsfläche zu einem glatten Teig verkneten, den Teig 30 Minuten kalt stellen, ihn dann auf dem gefetteten Backblech ausrollen in der Größe des Backblechs nach einer Schablone einen Fisch ausschneiden.
	Für den Belag den Teig mit
½–1 Becher (65–125 g) Kräuter-Crème-fraîche	bestreichen
1 Dose Thunfisch naturell (Abtropfgewicht 150 g)	abtropfen lassen, zerpflücken, auf den Teig streuen
4–5 Flaschentomaten	waschen, Stengelansätze entfernen, von den
1–2 kleinen Zucchini	die Stengelansätze abschneiden und waschen beides in Scheiben schneiden den Fisch schuppenförmig in Reihen mit dem Gemüse belegen, mit
Salz	
frisch gemahlenem Pfeffer	
gerebeltem Oregano	würzen und mit
150 g Greyerzer Käse	bestreuen
1 schwarze Olive	als Auge in die Gemüsemasse stecken aus dem restlichen Teig kleine Fische ausschneiden mit
Kondensmilch	bestreichen und als Auge
je 1 rotes Pfefferkorn	in den Teig drücken die Fische auf ein mit Backpapier belegtes Backblech legen
Ober-/Unterhitze	etwa 200 °C (vorgeheizt)
Heißluft	etwa 180 °C (nicht vorgeheizt)
Gas	Stufe 3–4 (vorgeheizt)
Backzeit	etwa 25 Minuten (für den großen Fisch), etwa 8 Minuten (für die kleinen Fische).

Pikanter Kuchen

1 Pck. (42 g) frische Hefe	mit
1 gestr. TL Zucker	und etwas von
250 ml (1/4 l) lauwarmem Wasser	auflösen, etwa 10 Minuten stehenlassen
500 g Weizen, sehr fein gemahlen	
1 TL gerebelter Thymian, wenig Salz	
60 ml Pflanzenöl	hinzufügen, die Zutaten mit dem Handrührgerät mit Knethaken zuerst auf niedrigster, dann auf höchster Stufe in etwa 5 Minuten zu einem glatten Teig verarbeiten, den Teig zugedeckt an einem warmen Ort so lange gehen lassen, bis er sich sichtbar vergrößert hat.
	Für den Belag
800 g Fleischtomaten	an der Oberseite einritzen, kurze Zeit in kochendes Wasser legen (nicht kochen lassen), in kaltem Wasser abschrecken, die Stengelansätze herausschneiden, die Tomaten enthäuten, in Scheiben schneiden
150 g Staudensellerie	putzen, waschen, in feine Scheiben schneiden
200 g Zwiebeln	abziehen, halbieren, in Würfel schneiden
1 TL Pflanzenöl	erhitzen, Zwiebeln darin glasig dünsten lassen
1 TL Kräuter der Provence	untermischen, bei schwacher Hitze etwa 3–4 Minuten dünsten lassen, das etwas abgekühlte Zwiebel-Staudensellerie-Gemüse mit den Tomaten vermischen, mit
1 EL zerdrückten grünen Pfefferkörnern	und
wenig Salz	abschmecken
	den gegangenen Teig auf einer bemehlten Arbeitsfläche nochmals gut durchkneten, auf einem gefetteten Backblech ausrollen, vor den Teig einen mehrfach umgeknickten Streifen Alufolie legen
	die Gemüsemasse gleichmäßig darauf verteilen
150 g geriebenen Emmentaler Käse	darüberstreuen, das Backblech in den Backofen schieben
Ober-/Unterhitze	etwa 200 °C (vorgeheizt)
Heißluft	etwa 180 °C (nicht vorgeheizt)
Gas	etwa Stufe 3
Backzeit	etwa 25 Minuten.

Schwäbischer Zwiebelkuchen

	Für den Teig
300 g Weizenmehl	in eine Rührschüssel sieben, mit
1 Pck. Trockenhefe	sorgfältig vermischen
1 TL Salz	
1 Ei (Größe M)	
50 g weiche Butter oder Margarine	
⅛ l (125 ml) lauwarme Milch	hinzufügen, alle Zutaten mit einem Handrührgerät mit Knethaken zuerst auf der niedrigsten, dann auf der höchsten Stufe in etwa 5 Minuten zu einem Teig verkneten, den Teig an einem warmen Ort so lange stehenlassen, bis er sich sichtbar vergrößert hat, vor den Teig ein mehrfach umgeknicktes Stück Alufolie legen.
	Für den Belag
750 g Zwiebeln	abziehen, in feine Scheiben schneiden
250 g durchwachsenen Speck	in Würfel schneiden, mit den Zwiebeln in eine Pfanne geben, glasig dünsten, abkühlen lassen
3 Eier	mit
250 g saurer Sahne	
⅛ l (125 ml) Milch	
1 TL Salz	
½ TL gemahlenem Pfeffer	verschlagen, die Speck-Zwiebelmasse darunterrühren den Teig auf einem gefetteten Backblech ausrollen, die Masse gleichmäßig auf dem Teig verteilen, noch etwas gehen lassen, das Backblech in den Backofen schieben
Ober-/Unterhitze	180–200 °C (vorgeheizt)
Heißluft	160–180 °C (nicht vorgeheizt)
Gas	Stufe 3–4 (vorgeheizt)
Backzeit	40–45 Minuten den Zwiebelkuchen warm servieren.
Tip	Zu Zwiebelkuchen leichten Weißwein oder Weißherbst reichen.

Spargel-Kuchen

	Für den Hefeteig
250 g Weizenmehl	in eine Rührschüssel sieben und mit
½ Pck. Trockenhefe	sorgfältig vermischen
¼ TL Salz	
1 Ei	
knapp 125 ml (⅛ l)	
lauwarme Milch	
50 g zerlassene,	
abgekühlte Butter	hinzufügen und mit dem Handrührgerät mit Knethaken zunächst auf niedrigster, dann auf höchster Stufe in etwa 5 Minuten zu einem glatten Teig verarbeiten, den Teig abgedeckt so lange an einem warmen Ort gehen lassen, bis er sich sichtbar vergrößert hat.
	Für den Knetteig
125 g Weizenmehl	in eine Rührschüssel sieben
¼ TL Salz	
2 EL Wasser	
75 g Butter	
100 g geraspelten Gouda	hinzufügen und mit dem Handrührgerät mit Knethaken zunächst kurz auf niedrigster, dann auf höchster Stufe gut durcharbeiten, anschließend auf der Arbeitsfläche zu einem glatten Teig verkneten den gegangenen Hefeteig mit dem Knetteig verkneten und ⅔ des Teiges auf dem gefetteten Backblech ausrollen, den Teig an einem warmen Ort nochmals gehen lassen und erst dann in den Backofen schieben
Ober-/Unterhitze	etwa 200 °C (vorgeheizt)
Heißluft	etwa 180 °C (nicht vorgeheizt)
Gas	Stufe 3–4 (vorgeheizt)
Backzeit	etwa 10 Minuten.
	Für den Belag
2 Becher (je 150 g)	
Crème fraîche	
50 ml Milch	
2 TL Speisestärke	glattrühren und mit
½ TL Worcester-Sauce	
Salz	

frisch gemahlenem Pfeffer	abschmecken, die Hälfte der Masse auf den Teig streichen, Stangen von
1–1,5 kg geschältem, blanchiertem grünem Spargel	mit
150 g Lachsschinken in Scheiben	umwickeln und gleichmäßig auf der Creme verteilen die restliche Creme in die Zwischenräume geben den restlichen Teig dünn ausrollen und in Streifen (2x6 cm) schneiden, die Streifen in der Mitte drehen und auf den Schinken legen, das Backblech in den Backofen schieben, den Spargelkuchen evtl. nach 10 Minuten Backzeit mit Alufolie abdecken.
Backtemperatur	siehe vorhergehende Seite
Backzeit	etwa 20 Minuten.

Vollkorn-Zwiebel-Kuchen

	Für den Teig
375 g Weizenvollkornmehl	in eine Rührschüssel geben, mit
1 Pck. Trockenhefe	sorgfältig mischen
200 ml lauwarmes Wasser	
1 gestr. TL Meersalz	
3 EL Speiseöl	
40 g zerlassene Butter	hinzufügen, die Zutaten mit einem Handrührgerät mit Knethaken zunächst auf niedrigster, dann auf höchster Stufe in etwa 5 Minuten zu einem Teig verarbeiten, den Teig so lange an einem warmen Ort stehenlassen, bis er sich sichtbar vergrößert hat.
	Für die Füllung
400 g Zwiebeln	schälen, waschen, in Ringe schneiden
3 EL Speiseöl	in der Pfanne erhitzen, die Zwiebel darin glasig dünsten
300 g geriebenen Gouda-Käse	
1 Becher (150 g) Crème fraîche	miteinander verrühren
2 EL Milch	
2 Eier	mit
Salz	
schwarzem Pfeffer	verschlagen

	den gegangenen Teig auf der bemehlten Arbeitsfläche nochmals kurz durchkneten, den Teig auf einem gefetteten Backblech ausrollen, zuerst darauf die Zwiebeln gleichmäßig verteilen, dann die Käsemasse verstreichen, die Eiermilch zum Schluß darübergießen, vor den Teig einen mehrfach umgeknickten Streifen Alufolie legen
	den Teig nochmals so lange an einem warmen Ort gehen lassen, bis er sich sichtbar vergrößert hat, das Blech in den Backofen schieben
Ober-/Unterhitze	etwa 200 °C (vorgeheizt)
Heißluft	etwa 180 °C (nicht vorgeheizt)
Gas	Stufe 4 (vorgeheizt)
Backzeit	30–40 Minuten.

Winzer Zwiebelkuchen

400 g Weizenvollkornmehl	in eine Schüssel sieben, mit
1 Pck. Trockenhefe	sorgfältig vermischen
je 1 TL Zucker und Salz	
4 EL Speiseöl	
250 ml (¼ l)	
lauwarme Milch	hinzufügen, alles mit einem Handrührgerät mit Knethaken zuerst auf der niedrigsten, dann auf der höchsten Stufe in etwa 5 Minuten zu einem Teig verarbeiten, sollte er kleben, noch etwas Mehl hinzufügen (aber nicht zuviel, Teig muß weich bleiben), den Teig an einem warmen Ort so lange stehenlassen, bis er sich sichtbar vergrößert hat
1½ kg Gemüsezwiebeln	abziehen, vierteln, in Scheiben schneiden
2 EL Butter	zerlassen, die Zwiebelscheiben darin andünsten, mit
Salz	
Pfeffer	
Rosmarin	
Kümmel	würzen
1 abgezogene, zerdrückte	
Knoblauchzehe	unterrühren, 15–20 Minuten offen dünsten, erkalten lassen
350 g Speck	in Würfel schneiden
200 g Gouda	raspeln, mit dem Speck,
3 Eiern	

2 EL Crème fraîche	unter die Zwiebelmasse rühren den Teig nochmals gut durchkneten, ihn in einer gefetteten Fettfangschale ausrollen, an den Seiten hochdrücken, die Zwiebelmasse darauf verteilen den Teig nochmals so lange an einem warmen Ort stehenlassen, bis er sich sichtbar vergrößert hat
Ober-/Unterhitze	etwa 200 °C (vorgeheizt)
Heißluft	etwa 180 °C (nicht vorgeheizt)
Gas	Stufe 3–4 (vorgeheizt)
Backzeit	etwa 35 Minuten.

Würziger Weinkäse mit Sherry-Champignons auf Blätterteig

(5 Stück, Foto Seite 180)

10 Platten (400 g) TK-Blätterteig	nach Packungsanleitung auftauen lassen, je 2 Scheiben übereinanderlegen und rund (Ø 18 cm) ausrollen (bei der letzten Scheibe die Reste dazunehmen) ein Backblech mit kaltem Wasser abspülen, die Blätterteigscheiben (je 2 Stück) darauflegen und mit einem Gemisch aus
1 Eigelb	und
1 EL Milch oder Sahne	bestreichen, im Backofen goldbraun backen
Ober-/Unterhitze	etwa 200 °C (vorgeheizt)
Heißluft	etwa 180 °C (nicht vorgeheizt)
Gas	Stufe 4–5 (vorgeheizt)
Backzeit	etwa 8 Minuten die Platten einige Minuten abkühlen lassen
500 g frische Champignons	putzen, abreiben, mit
Salz	
weißem Pfeffer	würzen, in einer Pfanne kurz in
30 g Butter	anbraten
3 EL feingehackte Kräuter (z. B. Petersilie, Kerbel, Estragon)	darüberstreuen, mit
100 ml trockenem Sherry	ablöschen Champignons mit wenig Sauce auf den Blätterteigplatten anrichten

4 Laibchen Weinkäse (je 62,5 g)	teilen und jeweils beide Hälften in die Mitte einer Blätterteigplatte setzen, mit etwas
fein geriebenem, frischem Ingwer	bestreuen und im vorgeheizten Backofen bei Oberhitze etwa 3 Minuten schmelzen lassen die Teigplatten auf vorgewärmte Teller setzen, je mit einem Klacks von
100 g Crème fraîche	servieren.

Zwiebelkuchen

	Für den Teig
250 g Weizenmehl	in eine Rührschüssel sieben, mit
1 Pck. Trockenhefe	sorgfältig vermischen
125 ml ($\frac{1}{8}$ l) lauwarme Milch	
50 g lauwarme Butter	
1 Prise Salz	hinzufügen, die Zutaten mit einem Handrührgerät mit Knethaken zunächst kurz auf niedrigster, dann auf höchster Stufe in etwa 5 Minuten zu einem Teig verarbeiten, sollte er kleben, noch etwas Mehl hinzufügen (aber nicht zuviel, der Teig muß weich bleiben) den Teig an einem warmen Ort so lange abgedeckt stehenlassen, bis er sich sichtbar vergrößert hat, auf der bemehlten Arbeitsfläche nochmals kurz durchkneten den Teig auf dem gefetteten Boden einer Springform (Ø etwa 28 cm) ausrollen, am Rand 2–3 cm hochdrücken.
	Für den Belag
30 g Butter	zerlassen
500 g abgezogene, gewürfelte Zwiebeln	darin glasig dünsten lassen
1 EL Weizenmehl	mit
3 Eiern	
2 Bechern (150 g) saurer Sahne	
Kümmel, Salz	verrühren, mit den Zwiebeln vermengen, die Masse in die Springform geben, gleichmäßig auf dem Teig verstreichen

50 g durchwachsenen	
Speck	in Würfel schneiden, über die Zwiebelmasse streuen, nochmals an einem warmen Ort stehenlassen, bis der Teig sich sichtbar vergrößert hat, die Form auf dem Rost in den Backofen schieben.
Ober-/Unterhitze	200–220 °C (vorgeheizt)
Heißluft	180–200 °C (nicht vorgeheizt)
Gas	Stufe 4–5 (nicht vorgeheizt)
Backzeit	etwa 30 Minuten.

Käse-Speck-Kuchen

375 g Weizenvollkornmehl	
1 Pck. Backpulver	sorgfältig mischen, in eine Rührschüssel geben
6 EL Speiseöl	
6 EL Milch	
1 Ei	
¼ TL Meersalz	
150 g Magerquark	hinzufügen, die Zutaten mit einem Handrührgerät mit Knethaken auf höchster Stufe in etwa 1 Minute verarbeiten (nicht zu lange, Teig klebt sonst), anschließend auf der bemehlten Arbeitsfläche zu einer Rolle formen, den Teig auf einem gefetteten Backblech ausrollen, einen mehrfach geknickten Streifen Alufolie davorlegen.
	Für den Belag
3 Eier	
250 ml (¼ l) Schlagsahne	
250 g geriebenen Gouda	
Salz	
Pfeffer	
Paprikapulver	nach Geschmack hinzufügen, die Zutaten mit den Rührbesen verrühren, auf den Teig verteilen, mit
300 g geräucherten	
Speckscheiben	abdecken, das Blech in den Backofen schieben
Ober-/Unterhitze	180–200 °C (vorgeheizt)
Heißluft	160–180 °C (nicht vorgeheizt)
Gas	Stufe 3–4 (vorgeheizt)
Backzeit	30–40 Minuten.

Kleingebäck

Aus der Pfanne

Pasteten, Pies und Wähen

Pizzen

Quiche & Co. aus der Form

Quiche vom Blech